「味噌汁・ご飯」授業シリーズ

「チーム学校」で学力をアップする！

日常授業 & 校内研修 ガイドブック

野中信行 監修
網走市立網走小学校 著

JN183687

明治図書

序文にかえて

年間1000時間の授業で子どもを育てる

北海道学校力向上事業アドバイザー　野中信行

　本書を執筆した網走小学校へは，2回の公開研究会に講師として参加したことがある。鮮明な記憶が甦る。
　1回目に訪れた時には，「授業が上手な先生が多いな！」という感想。網走小学校は，年来からの研究校であり，これは当然という感想であった。
　しかし，2回目の訪問では，驚く。「すごい授業をしている先生たちがいる。この中の数名の先生は，北海道の中でも5本の指に入るくらいの授業者ではないのか！また，この先生たちに続く若手の先生たちが何人もいる」と印象を受けた。そして，何よりも「子どもたちが素晴らしい」という驚き。何があったのだろうかと思わせるぐらいの変貌を，私は見て取ったのである。この時，網走小が打ち出していたのは，次のような言葉。
　「公開研究会のための授業，打ち上げ花火のような授業では，決して子どもに力は付かない」
　「年間1000時間の授業を大切にしよう。公開研究会の授業は，1000分の1に過ぎない」
　この学校は，学校力向上に関する総合実践事業を引き受け，北海道教育委員会が打ち出した「日常授業」の改善に真正面から立ち向かっていたのである。平成27年度の全国学力・学習状況調査では，秋田の平均点を超えていると聞く。低学力に苦しむ北海道では特出した学校になっている。
　特別な何かをしているのであろうと想像されるだろうか。
　しかし，この学校は地味で，シンプルな「当たり前のこと」を徹底して繰り返しているに過ぎない。スローガンは，「共通・一貫・徹底・継続」なのである。
　「『当たり前』を徹底すると，特別になる！」
　網走小学校は，見事に，この言葉を私たちに突きつける。

はじめに

網走市立網走小学校長　岩渕隆志

　本校は，平成25年に北海道教育委員会の「学校力向上に関する総合実践事業」の指定を受けました。オホーツク管内では，「研究熱心な学校」「成果の見える学校」という評価をいただいていたこともあり，私たちは実践に自信を深めていましたが，この事業の取組を進める中で解決しなければならない多くの課題があることに気付かされました。そして，一人の教師が発した「現状に満足してはいけない。」が教職員の新たな合言葉となりました。

　まず，学校として取り組んだことは，やはり「日常授業」の改善・充実です。これまでも本校は，「日常授業を大切にする」を「当たり前」のこととして日々の授業に向き合ってきました。学校のよき風土と言えるものです。しかし，「改善」のための視点は漠然としたものでした。このことを明確に示してくださったのが，「味噌汁・ご飯」授業を提案され，「日常授業」の改善・充実を強く訴えておられた，「北海道学校力向上事業アドバイザー」の野中信行先生です。

　野中先生には，学習規律を整える必要性，おしゃべり授業の克服，全員参加型の授業づくり，一人研究授業の奨励等々，「日常授業」の改善・充実への具体的な方策や指標を示していただきました。

　本書は特別なことではなく「当たり前」のことに取り組んでいる「本校らしさ」を知っていただくために，①全教師が携わる，②授業実践に限定せず，学力向上の基盤とも言える取組を含める，③「シンプルで地味なことを徹底・継続」というよさ・強みに焦点を当て執筆しました。「年間1000時間の授業で子どもを育てる」を合言葉に「日常授業」の改善・充実に取り組む「チーム網走小」の姿を少しでも感じ取っていただければ幸いと考えております。

　最後に，本書執筆という機会を与えてくださった野中信行様，明治図書編集部の木山様，本校の取組に御支援くださっている北海道教育委員会の皆様，学校力向上アドバイザーの皆様に心から感謝を申し上げます。

目次

序文にかえて　2
はじめに　3

第1章　年間1000時間の日常授業を大切にした学校づくり　7

1　学校経営の基調　7
2　網走小学校の校内研修　23

第2章　規律ある日常授業を支える教育活動・校内研修の進め方　40

1　めあて→取組→ふり返り　40
2　行事指導の在り方〜即改善の指導〜　42
3　縦割り班清掃　44
4　集会活動　46
5　補欠授業　48
6　読書環境の整備〜学校図書館の改善〜　50
7　学習規律〜ノート指導〜　52
8　学習規律〜学習用具〜　54
9　学習規律〜授業の始まりと終わり〜　56
10　校内研修の進め方〜指導案検討〜　58
11　校内研修の進め方〜ワークショップ〜　60

コラム　活動量を確保する授業の原則　62
　　　　お互い気持ちよくサポートする教職員の共通意識　63

| 第3章 | 日常授業で主体的に学ぶ力を付ける学年・教科別学習指導案集 | 64 |

1. 国語科学習指導案（1年）　64
   単元名「むかしのおはなしをたのしむ」
2. 算数科学習指導案（1年）　68
   単元名「ひきざん」
3. 算数科学習指導案（2年）　72
   単元名「1を分けて」
4. 国語科学習指導案（2年）　76
   単元名「むかしのお話を楽しむ」
5. 体育科学習指導案（2年）　80
   単元名「ボール蹴りゲーム」
6. 国語科学習指導案（3年）　84
   単元名「段落どうしの関係を考える」
7. 国語科学習指導案（3年）　88
   単元名「場面の様子を想像して読む」
8. 算数科学習指導案（4年）　92
   単元名「垂直，平行と四角形」
9. 国語科学習指導案（4年）　96
   単元名「場面の様子を想像して読もう」
10. 音楽科学習指導案（4年）　100
    単元名「お祭りや民ようめぐり」
11. 国語科学習指導案（5年）　104
    単元名「オリジナル金子みすゞ詩集を作ろう」
12. 国語科学習指導案（5年）　108
    単元名「本の世界を深める」

| 13 | 家庭科学習指導案（5年） | 112 |

単元名「元気な毎日と食べ物」

| 14 | 音楽科学習指導案（5年） | 116 |

単元名「音のスケッチ」

| 15 | 算数科学習指導案（6年） | 120 |

単元名「比」

| 16 | 国語科学習指導案（6年） | 124 |

単元名「物語について語り合い，その世界を楽しもう」

| 17 | 理科学習指導案（6年） | 128 |

単元名「月と太陽」

| 18 | 算数科学習指導案（特別支援学級） | 132 |

単元名「たしざん」

| 19 | 国語科学習指導案（特別支援学級） | 136 |

単元名「ことばであそぼう」

| 20 | 国語科学習指導案（特別支援学級） | 140 |

単元名「言葉をつなげて伝えよう」

| 21 | 自立活動学習指導案（特別支援学級） | 144 |

単元名「にこにこマイブックを作ろう」

| 22 | 自立活動学習指導案（特別支援学級） | 148 |

単元名「なかよし名人になろう」

| 23 | 自立活動学習指導案（特別支援学級） | 152 |

単元名「こんな時，なんて言う？」

コラム　共に学び合う特別支援学級（桂学級）の取組　156

おわりに　158

研究同人　159

第1章　年間1000時間の日常授業を大切にした学校づくり

1 学校経営の基調

1 「学びの約束」の導入と進展

- 学校行事や全校集会で体育館に集まった子どもたちが、「静かにしてください。」と言われなくても、開始前に整然とする。
- 避難訓練等でグラウンドに集合したときに、土いじりをしている子どもがいない。
- 夏休み（冬休み）作品展の後に、作品が壊れていることがほとんどない。
- 感熱紙に拡大した資料等を数週間に渡って掲示していても、爪で掻かれて汚れることがない。

　これらは、本校に異動してきた教職員が、「当たり前のことだけれど、どの学校でも当たり前に見られることではない。」と話す子どもたちの姿の一例です。「研修が盛んな学校ですね。」「一生懸命な先生が多い学校ですね。」と評されるよりも、「子どもたちが育っていますね。」という言葉が何より嬉しい評価です。

　本校は、平成25年度に北海道教育委員会の「学校力向上に関する総合実践事業」の指定を受け、学校がチームとなって学校力・授業力の強化に取り組んでいます。

　しかし、それ以前から、

「年間1000時間の授業で子どもを育てる」
「一人の百歩よりも、百人の一歩を大切に」

を合言葉に、「地味でシンプル」な取組を継続してきました。学級担任や各部の担当者が替わっても、子どもに質の高い教育を保障するための「共通・一貫・徹底・継続」した教育活動です。その成果が前述の子どもたちの姿なのです。

2 成果を原動力とした取組の推進

　近年は、各種学力検査や、全国学力・学習状況調査、新体力テストでも全

国平均を上回る結果を得られるようになりました。「数値として表れる指導の成果」と、「数値では示せない子どもの姿」が、各種取組を推進する原動力になっています。

子どもたちの成長

「作品が壊れない」

「静かにしてください」と言わなくても整列

保護者アンケート

子どもが「勉強がわかる!」といっています。

よいこと悪いこと、こまめに電話で報告を受けられるのでとても助かっています。

教員だけでなく、事務、用務員さん、みんな温かく感謝の気持ちでいっぱいです。

学校全体で取り組んでいることが伝わってくるので嬉しく思っています。

H27全国学力・学習状況調査

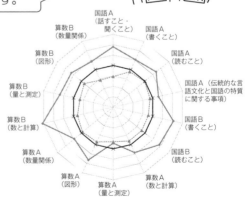

――― 全国
- - - - 北海道
――― 網走小

```
┌─────────────────────────────────────────┐
│    「当たり前」なことを徹底・確認・継続    │
│         ╭──────────────╮              ↑│
│         │   学校力の向上   │              ││
│         │ 子どもたちの確かな成長 │           ││
│         │  指導力向上の実感   │            ││
│         │  保護者からの信頼   │            ││
│         ╰──────────────╯            ││
│                 ↓                     ││
│      成果を原動力とした取組の推進          │
└─────────────────────────────────────────┘
```

3 経営方針を画餅にしない

　学年経営案や学級経営案は，学校の教育目標，校長の経営方針，年度の重点目標等に基づいて立案されるものです。これも「どの学校でも当たり前」のことですが，本校では，全教職員が「学校経営計画に示されたものを画餅にしない」という意識を強くもっています。

　まずは，「地味でシンプル」な取組の基盤であり，全教職員が共有する「学校経営の基調」「学校経営の方針」を紹介します。これを示さずに，教育活動の具体だけを示すことはできないからです。

4 学校経営の基調

（1）学校の果たすべき使命と責任

　学校は，人格の完成と国家・社会の形成者として必要な資質を培うため，学校の教育目標の達成を目指し，学校が一体となった組織的な力を発揮して学校改善を進め，地域・保護者に信頼される学校づくりが求められています。それ故，私たちは，教育公務員としての使命と責任を自覚し，地域住民の負託に応えなければなりません。

　学校は，日常的な教育実践を確実に積み上げ，子ども一人一人に知・徳・

体のバランスのとれた「確かな力」を身に付けさせることが緊要です。また，子どもや保護者，地域の思いや願いを真摯に受け止め，より効果的な教育活動へと改善を図り，積極的に情報を発信し，結果責任を果たさなければなりません。そのためにも学校の役割と責任を自覚し，「子どもたちに力を付ける教育」の実現に向けて組織の力によりさらなる学校改善を図っていくことが重要です。

本校は，明治17年（1884年），地域住民の期待を担って「網走簡易小学校」として開校した管内でも最古の歴史と伝統ある学校であり，今年度創立131年目（開校96年）を迎えました。この間，オホーツク教育の一翼を担いながら11,152名の卒業生を送り出し，それぞれが各界で活躍しています。

これまでの歴史と伝統，そして，求められる今日的な学校の機能を踏まえ，全職員の教育に対する情熱と英知を結集して学校力を高め，職員相互の信頼と協力のもと，一人一人の子どもにとって実感と納得の伴った「学び」を実現するために，「網走小学校の教育」を創造していかなければなりません。

また，教育の営みの基盤は，学校および教職員が子どもや保護者，地域住民から信頼されることが重要です。そのためには，教職員一人一人が人格を磨き，それぞれの役割を十分に果たすことのできる「プロ」としての力量を高める努力を惜しんではなりません。

さらに，オホーツク教育局が所在する市の中心である網走小学校には，大きな信頼と期待が寄せられており，網走市やオホーツク管内の教育の充実・発展に寄与する牽引者としての一翼を担う使命と責任が求められています。

(2) 教職員としての姿勢と職員文化の継承と発展

我々は教育の「プロ」です。それは，教師としての「志」を実現しようと

する情熱や努力に支えられ，深い研究で築き上げた理論とたゆまぬ実践によってはじめて到達できる道なのです。

　それは，永久不変的なものではなく，不断の研鑽によって維持・発展されるものであり，常に己を磨き続けようとする強い意志がなければ保持できるものではありません。自らに課題をもち，絶えず努力を続けようとする謙虚な姿勢こそが重要な要素なのです。

　教師自身が優れた人間性や指導力を求めて，自らを自己変革させてこそ真の「教育者」としての道となります。その道は，いくつもの壁を乗り越えて実現できるものであり，日常的に子どもたちや地域・保護者とともに，達成すべき目標に向かって進もうとする強固な決意がなければ達成できない道でもあります。この姿勢こそが，信頼される教師となるために求められる重要な基盤です。

　また，本校の教育が最大限の効果を上げるためには，教職員一人一人が生き生きと職務に専念し，組織として「共通・一貫・徹底・継続」に取り組む学校とならなければなりません。さらに，教職員全員が心身ともに健康で笑顔を絶やさず人に接することができるよう，思いやりの心（「目配り」「気配り」「心配り」）を基本に互いに協調し合う温かい雰囲気を大切にする職場であることも大切です。そのためにも，それぞれが自己の役割と責任を果たすことを基盤としつつ，互いのよさを認め合い支え合う「協働」の精神を重視しています。

　その上で，互いに高め合おうとする建設的で信頼に満ちた批判精神（同僚性）と，目標に向かって切磋琢磨する意識と行動を大切にしながら網走小学校の子どもを全教職員で育てるという相互補完の方向性を共有し合うことが重要です。

　さらに，これまで継続してきた不断の研鑽と研修の日常化を今後も充実・発展させ，学校としての歩みを確実に進めて

いくことが緊要なのです。網走小学校の子どもの姿，教育の方向性，教職員の姿を「いつでも・どこでも・誰にでも」を基本に公開し，外部からの批判や意見を真摯に受け止めながら本校教育の質の向上・発展・充実に全力を傾注していかなければなりません。

5 学校の構造と理念

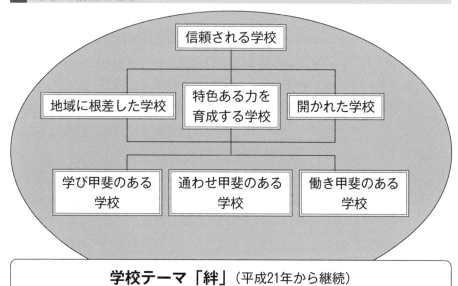

学校テーマ「絆」（平成21年から継続）

6 目指す学校像 ―3甲斐のある学校―

　自校の教育の充実のみならず，網走市，オホーツク管内，北海道，全国の教育の充実・発展に貢献することができる魁となる学校を目指して

(1) 子どもにとって「学び甲斐のある学校」
①学ぶ楽しさや学ぶ喜びを実感できる学校。
②一人一人の特性や能力を正しく把握し，よりよく伸ばすことのできる学校。
③興味や関心，疑問や発想を大切に，学校生活が活力に満ちあふれる学校。
④一人一人の子どもに寄り添いながら学び方や行動の仕方を継続的に学び，

基礎的・基本的な学習の力を確実に身に付けることのできる学校。
⑤多様な学習や生活経験の場を設定し，経験領域や活動様式の拡大を図る学校。

(2) 保護者・地域にとって「通わせ甲斐のある学校」
①保護者・地域住民の思いや願いを生かし，子どもの気持ちをくみ取りながら学習・生徒指導にあたる学校。
②子どもが生き生きと学ぶ姿を発信し，確かな力が身に付いたと実感できる学校。
③家庭や地域との連携を図り，協力・協働して教育にあたる学校。
④子どもが健やかに育つ環境づくりに積極的に取り組む学校。
⑤歴史と伝統を大切にし，次代を見据えた教育活動を創出し実践する学校。

(3) 職員にとって「働き甲斐のある学校」
①子どもの成長・発達を自分のこととして喜び，子どもの変容を体現できる学校。
②学校経営参画意識を高め，協働して経営にかかわることができる学校。
③全職員が信頼と絆で結ばれ，互いのよさを認め合いながら知恵と力を結集できる学校。
④教職員および一市民として，自らの生き方を誇り高め合うことのできる学校。
⑤実践的な研究に裏打ちされた教育実践を通して，子どもや保護者，地域住民から信頼され，特色を生かした教育を創造する「教えるプロ」であることを実感できる学校。

7 学校経営の方針

(1) 基本方針
①学校教育目標の実現を目指し，教職員の英知を結集し，共通理解と協働体制の下で教育活動を展開し，子どもが「確かな力」を身に付けることができるように努める。
②学校力向上に関わる総合実践事業の推進に努め，「共通・一貫・徹底・継

続」による包括的な学校改善に努める。
③「教えるプロ」としての力量を高めるために研修活動の充実に努め，公開研究会の継続開催を柱に，教職員一人一人が着実に教師力を高めるように努める。
④日常的な子どもとの触れ合いを大切にしながら子どもに寄り添い，個に応じた指導が全ての教育活動の中に行きわたるように努める。
⑤G（GOAL 目標設定）P（PLAN 計画策定）A（ACTION 計画断行）C（CHECK 点検評価）のマネジメントサイクルに基づく短期改善型の経営及び教育活動の推進に努め，学校経営の充実を目指す。
⑥子どもや保護者，地域住民の思いや願いを生かし，地域と結び合う学校づくりを推進し，子どもや保護者，地域住民はもとより，全職員が誇りのもてる信頼される学校の創造に努める。
⑦学校経営方針や学校の教育目標の達成過程や結果などについて保護者や地域住民に説明するとともに，日常的な学校公開と各種たよりやホームページで情報発信に努める。
⑧課題解決型の経営を継承し，学校課題を明確にしながらその解決を図る。

(2) 重点教育目標

　学校の教育目標は6年間の教育活動全体を通して実現していくものであり，その達成にはマネジメントサイクルを踏まえた経営活動を機能的に展開することが大切です。したがって，より具体的な年度の重点教育目標を設定し，学年・学級経営の充実を基軸として，各教科，道徳，外国語活動，総合的な学習の時間及び特別活動との関連を図りながら教育目標を実現させていかなければなりません。

　そのため，子どもの実態を適切に把握し，改善を図りながら子ども一人一人に確かな力を身に付けさせていくことが重要です。

　また，指導方法の工夫改善に努め，個に応じたきめ細かな指導に取り組み，あるいは様々な地域の人材や環境の活用を図りながら，学校の教育目標の実現に向けた実践的な取組を力強く推進することが大切です。そこで，教職員

一人一人が，本校の教育目標である３つの柱をより具体的・継続的・計画的に指導していくために，重点教育目標を下記のように設定しました。
　また，その達成に向けた過程の中で，教職員一人一人の「学校経営参画」への意識を高め，網走小学校の教育活動の充実を図っていくこととしました。

> **重点教育目標　自ら学び考える子の育成**

　本年度，学校力向上に関する総合実践事業の指定を受けて３年目を迎えました。教職員一人一人の努力はもとより，学校が一体となった組織的な取組により学校改善が図られ，授業や学級経営のみならず学校教育全般で確かな成果が見られました。
　保護者アンケート・児童アンケート・授業評価で高い評価を得たのも，また，北海道教育実践表彰を受賞できたのも，その成果が結果として見えたからです。しかしながら，保護者はこれで満足している訳ではありません。そして，教職員もさらなる高みを目指し，新たな歩みを進めようとしています。
　そこで，年度の重点目標標を「自ら学び考える子の育成」と設定し，「学ぶ心（徳）」「学ぶ力（知）」「学びを支える力（体）」を育む教育を力強く推進していくことにしました。

【やさしさいっぱい（徳）】…学ぶ心
※学ぶ心とは，子どもが学ぼうとする意欲や姿勢，あるいは，自分自身や相手・対象へのかかわりから進んで考え行動する力である。（学ぶ必要感，興味や関心，課題意識，学んだことを生かそうとする心，やりとげたいという心，わかりたいという心，よさを見付ける心，実感や納得等）

【よろこびいっぱい（知）】…学ぶ力
※学ぶ力とは，身に付けなければならない学力に加え，学びに必要なエネルギーや思考活動を深めるための基本的な素地を指すものである。（考える習慣，読み・書き・計算の力，聞く・話す力，もの・こと・

人の価値に気付く力，忍耐力，わかろうとする努力等）
【げんきいっぱい（体）】…学びを支える力
※学びを支える力とは，学習活動を下支えする根本的なもの（土台）となる力である。（運動の習慣化，規則正しい生活習慣，食の理解，体力づくり等）

そのために，成果や結果が明確になりやすいSMART（Specific 具体的・Measurable 測定可能・Achievable 達成可能・Reasonable 納得できる・Time-bound 期限がある）の考えを生かした数値目標や達成目標を定めて実践し，G（GOAL 目標設定）P（PLAN 計画策定）A（ACTION 計画断行）C（CHECK 点検評価）のマネジメントサイクルに基づく短期改善型の学校経営と教育活動を推進し，教育目標の具現化を目指しました。

8 学校経営の重点
(1) 協働体制を充実し，活力と特色のある学校経営の推進
①子ども，地域および学校の実態とそれぞれの思いや願いを的確に把握しながら教育課題を焦点化し，その解決に向けて教職員の特性や創意を生かした学校の運営に努める。
②子どもの実態に基づいた重点教育目標の設定とその達成を目指し，特色ある学校（子どもに身に付けさせたい力）の実現に努める。
③オール北海道で目指す目標を達成するために，オホーツク管内8つの方策やチャレンジテスト等を積極的に活用し，確かな学力の育成に向けた効果的な施策を確実に実行しながら教育活動の充実を図る。
④学校の教育目標の意義や設定の意図について教職員の共通理解を深め，具現化の観点を明確にするとともに，各教科，領域等の調和のとれた教育活動の充実に努める。
⑤学校の教育目標の達成や課題解決の状況に視点を当てて学校評価・授業評価・保護者アンケート・児童アンケート等の評価資料の収集・分析・考察を行い，子ども一人一人の確かな力を培う教育活動の工夫に努める。

⑥保護者や地域住民に対して目指す学校像や教育活動の内容や経過について各種たよりやホームページ等を活用して,「学校の説明責任および結果責任」を果たすように努める。

(2) 教育課程の編成・実施・評価および改善
①教育課程の編成にあたっては,学校の全教育活動が教育目標の具現化を重点に,授業と行事を関連させながら各教科,道徳,特別活動,総合的な学習の時間,外国語活動の年間指導計画を作成し改善・充実を図る。
②指導計画の作成にあたっては,施設・設備,地域素材や人材などを十分生かし,研究主題との関連を図りながら子ども一人一人の特性や可能性を生かし伸ばす指導と評価を工夫する。
③地域の特性を生かした豊かな体験活動や問題解決的な学習活動の機会を多く設定し,考えるよりどころや考える時間などを十分確保して学習のねらいの達成感を味わわせる内容や指導を工夫する。
④基礎的・基本的な事項の確実な定着を図るために,内容や指導方法,指導体制を工夫するとともに,子どもの能力や特性に即した学び方や学びを生かす指導を工夫する。また,基礎学力保障の観点から指導方法の工夫改善や補充的な学習の充実に努める。
⑤一単位時間の運用に当たっては,60分単位とした時間(1日1時間)を教育課程に位置付け,各教科等の単元や内容・活動を十分吟味しながら年間指導計画を策定・検証し,改善を図る。また,成果や課題,教育の動向を見定めながら実施に関わる検討を行う。
⑥学校図書館の積極的な活用や情報機器の有効的な活用を促進し,学習結果の整理や発表力を培う学習活動の充実を図る。
⑦学習指導要領に基づく教育課程の望ましい在り方についての研修を行い,より効果のある編成・実施・評価・改善を行う。

(3) 意欲を高める学習指導の工夫
①価値のある体験や問題解決的な学習活動を取り入れて実感の伴う「学び」を体得させ,観察力・思考力・判断力・企画力・実践力・表現力(発表

力）を高める指導に努める。
②興味・関心を高める教材・教具を活用し，特性や能力の発見とその子なりの持ち味を生かし，伸ばす授業づくりに努める。
③教職員の専門性を生かした交換授業を積極的に活用し，子どもの学びの高まりを実感させる指導に努める。
④習熟度に応じた指導やＴＴ及び少人数習熟度別学習をより一層工夫し，個に応じたきめ細かな指導の充実に努める。
⑤多様な評価によって学習意欲を高める指導を工夫し，基礎的な学力や表現力を培う。また，学習の定着を図るために，学校としての学習規律の確立とその徹底・継続に努める。

(4) 豊かな心情を培う道徳的実践力の育成
①道徳の時間と各教科，外国語活動，総合的な学習の時間，特別活動との関連や日常生活への発展を踏まえ，道徳的実践力を培う指導を工夫する。
②子どもの興味・関心に応じた地域素材の資料化や人材，体験活動，多様な価値観を引き出す資料などを活用し，心情を揺さぶり，実感や感動を呼び覚ます道徳の時間の充実を図る。
③各学年間で道徳の時間の交流を図り，道徳性の内面化や実践力の評価などの研究を深める。
④道徳教育推進教師を中核に，実践的研究を進めるとともに，「道徳の時間」を積極的に公開し，実践に生かす工夫に努める。

(5) 自立心を培い実践力を高める生徒指導の充実
①子ども一人一人のよさを実感させ，生かし育てるという指導観のもと，自己有用感を抱いた「自己実現」に基づく学校生活を過ごすことができるよう，指導と評価の工夫に努める。
②教師と子ども，子ども相互の信頼関係に基づく好ましい人間関係の育成を重視し，学年・学級経営の充実を図る。
③日常的な触れ合いや計画的・継続的な教育相談活動を計画的に実施し，児童理解を一層深め一人一人に応じたきめ細かな指導・援助に努める。

④生徒指導加配教員を中心に，生徒指導研修を推進するとともに，家庭や地域との一層の連携を図り，基本的な生活習慣や善悪の判断・行動ができる力の定着を図る。

(6) 主体的・協働的な活動を重視した特別活動の充実

①心身の調和のとれた個性の伸長を図り，集団における望ましい人間関係を育む学年・学級活動を計画的に推進する。

②健全な生活態度や協調性を伸ばす場や機会を広め，活動の立案・運営を援助するとともに，様々な体験を通して自立心を育む指導を工夫する。

③集団と個とのかかわりや子ども一人一人の変容を把握し，指導計画の改善に生きる評価の方法を工夫する。

(7) 生命を尊重し，たくましい実践力を育てる健康・安全指導の充実

①各教科，道徳，外国語活動，総合的な学習の時間，特別活動と日常生活との関連を図り，教育活動全体を通した心身ともに健康な体づくりの推進に努める。

②保健・安全・給食などの指導は，各教科・領域等が相互に補完し合い，自ら健康の向上・安全に努めるように指導を工夫する。

③体力向上プランに基づく取組を充実させ，子どもの基礎的な体力の増進を図る。

(8) 自ら学び，自ら考え行動する力を培う「総合的な学習の時間」の指導の創出と充実

①子どもの課題意識が常に各教科等との関連の中で追究され，様々な体験の中で学んだことを生かす学習活動を展開し，発展できる指導計画の活用により内容や指導の工夫・改善を図る。

②子ども一人一人に応じた学び方を実感できるような指導や支援を工夫する。

③子ども自らが学びを通して自分の学びや生き方をふり返り，自ら考え行動できる活動を工夫するとともに，評価の内容や方法などについての研究・実践を推進する。

(9) コミュニケーション能力の素地を培う外国語活動
①外国語活動におけるコミュニケーションの楽しさや，聞いたり・話したりすることの大切さを理解させる指導計画の工夫・改善に努める。
②外部講師を有効的に活用し，外国語の音声や基本的な表現に慣れ親しませながら日本語との違いを知り，多様なものの見方や考え方のできる教育活動に配慮する。

(10) 自国の文化と伝統の理解と全教育活動を通して行う国際理解教育の推進
①各教科，道徳，外国語活動，総合的な学習の時間，特別活動と関連をさせながら，目標や内容を明らかにして指導の充実を図る。
②異文化に対する興味や関心を高める教育環境の整備と活動の評価を工夫する。
③日本の伝統や文化についての理解を深めるとともに，異なる文化をもつ人々との交流を通して国際感覚の素地を養う。

(11) 情報活用能力を高める教育活動の推進
①各教科や総合的な学習の時間などの特性を考慮し，課題意識や思考力を高める各種教育機器の活用を図った指導の充実に努める。
②図書館，コンピューター等の活用を図り，各種教育機器に慣れ親しむ機会を意図的に設定するよう工夫するとともに，基礎的な情報活用能力を高め，指導と評価を工夫する。

(12) 身近な環境に自らかかわり，主体的に働きかける環境教育の充実
①自然体験，社会体験など体験的な学習を取り入れ，各教科や総合的な学習の時間との関連を図った内容や指導と評価を工夫する。
②自分を取り巻く環境をよりよくする活動を設定し，環境に主体的・創造的に働きかける実践的な態度が身に付く指導と評価を工夫する。

(13) 魅力ある食育の推進や，子どもの健全な食生活の実現と健全な心身の成長
①食育推進基本法に基づく国・北海道食育推進行動計画及び網走市食育推進計画に基づき，栄養教諭を中心に小学校の食育全体計画を策定し，継続的

な指導を実践・充実する。

(14) 一人一人の教育的ニーズに応じた特別支援教育の基盤整備
①障がいの種類や程度，重度・軽度にかかわりなく多様なニーズを把握し，個別の教育支援計画・指導計画を策定・活用し，必要な教育的支援の充実に努める。
②障がいのある児童の自立や社会参加に向けた主体的な取組を支援するための工夫を行う。
③特別支援教育の中期的基盤整備や適切で充実した教育支援を行うために，コーディネーターを中心とした校内体制を充実し，適切な支援を具体化する。
④外部機関との連携を充実させ，支援体制を確立するとともに，適切な指導・助言に基づいた具体的な支援に努める。

(15) 家庭・地域との信頼に基づく連携の充実と地域に根ざした学校づくり
①学校，地域，保護者が相互に創造性を働かせ，知恵を出し合い協調し合って学校教育を推進する。そのため，学校評議員，幼稚園や保育所，中学校，その他の学校，自治会等との連携・接続の工夫に努める。
②「学校だより」「校長室だより」「学年・学級通信」の発行，ホームページの更新，授業参観，懇談会等を通して教育活動を保護者や地域住民に説明し，連携を深め，指導の充実を図る。
③日常の学校を「いつでも・どこでも・誰にでも」を基本に公開するとともに，オープンスクールを設定し，保護者や地域住民の理解と協力を得られるように努める。
④子どもの学習・安全にかかわる地域住民による支援ボランティアを組織し，学習支援及び子どもの安全保持の充実に努める。

(16) 教職員の職能の向上と研修活動の充実
①学校教育目標を実現するために，教育の今日的な課題や地域・学校・子どもの実態などを的確に把握し，日常の授業実践に結び付く研究課題を設定する。

②研究推進に当たっては，研究仮説や研究内容，方法，手順等を示し，研修前後の違いを明確にする具体性のある研究計画の立案・推進に努める。

> どんなに時代・社会が変わっても
> 変えてはならぬ道が在る
> 連続第百回につながる
> 公開研究会の歩を
> 一歩一歩進もう
> 　　　　　　［網走小の使命］

③これまで取り組んできた複数回の授業案作成を中心とした研究授業に積極的に取り組み，日々の授業づくりを実践に生かして研究の日常化を図る。

④公開研究会の恒久的で継続的な開催を目指し，各種研究会・研修会への積極的な参加，指導主事等，外部人材の活用により研究内容の深化を図る。

⑤本校の公開研究会に対する使命を踏まえつつ，全教職員が授業力向上に向けた公開研究会の意義を理解し，本校の研究の継続・発展を目指す。

⑥学校力向上に関する総合実践事業の取組を通して，若手教員やスクールリーダーの育成に努める。

(17) 子どもの感性を育む教育環境の整備

①掲示教育の充実，校舎周辺の環境整備・保全，隠れたカリキュラムの改善に努め，子どもの豊かな感性の育成に努める。

②教育委員会や関係機関との連携を強化し，学習環境の整備・充実に努める。

(18) 学校事務の効率化

①生き生きとした学校を支える学校事務の適正化と効率化に努める。

②児童・教職員・施設設備等，学校事務の全てについて効果的かつ適切な運営と予算執行や有効活用に努める。

③学校力向上に関する総合実践事業における事務作業について，効果的・効率的な実施を検討し，間接的教育活動の業務を推進する。

2 網走小学校の校内研修

1 志

(1) 廊下にたたずむ書

　網走小学校の職員室前，中央廊下。児童，保護者，教職員が最も通る廊下に掲げられている書があります。先々代の本校校長が揮毫されたものです。

　当時の校長にお仕えをした職員は少なくなりました。しかし，この書の前を通るたび，またこの書から伝わってくるものを感じるたび，背筋が伸び，身が引き締まる思いがするのです。網走小学校の校内研修の取組には，こんな「志」が確かに受け継がれているのです。

　私たちにとって「変えてはならぬ道」とは何か。「一歩一歩」とは，現在いる私たちのものだけでなく，これまで幾多の困難や試練を乗り越え，そのバトンを渡してくれた諸先輩方のもの，そしてこれからの網走小学校を担っていく諸先生方のものも含んでいるのではないだろうか。

　私たちは，この書からこんな問いを突き付けられ，またこの書に私たちなりの答えを発しながら，校内研修に取り組んでいます。

　網走小学校の校内研修は，このような志に支えられているのです。

(2) 年間1000時間を大切にする

　網走小学校は，平成27年度で連続9回の公開研究会を開催することとなっています。毎年毎年，指導案を作り，検討をし，作り直し，また検討をし…，という取組を続けてきました。時に辛く，苦労の連続でありましたが，それ以上に学びの多い時間でした。

　そんな取組を続けてきた私たちだからこそ，はっきりと断言できることがあります。

　公開研究会のための授業，打ち上げ花火のような授業では，決して子

どもに力は付かない。
ということです。

　私たちが継続的に御指導いただいている野中信行先生は，以下のように述べます。

子どもたちの学力を向上させるためには，「日常授業」の改善しかない！
「ごちそう授業」から「味噌汁・ご飯授業」への転換が必要である！
研究授業が本当に「日常授業」の改善につながっているのかが問題！
「日常授業」の改善こそが，学校力向上，北海道の教育変革へのカギ！
　　　　　　　　　　　（野中信行氏「網走小学校　講演資料」より）

　そうなのです。子どもたちに確かな力を付けるのは，日常授業なのです。
　私たちは，合言葉として，以下の言葉を使っています。

　年間1000時間の授業を大切にしよう。公開研究会の授業は，1000分の1に過ぎない。

　実は，毎年公開研究会を行っている本校の研修は，「1000時間を大切にする」という志に基づいて行われているのです。

　　本校は，今年で８年連続公開研究会を行い，授業を公開し，参加者の皆さまから多くの学びをいただいています。多くの皆さまに参加していただきますので，「すごい授業」「活発な授業」「派手な演出のある授業」をしたい，と思ってしまいます。しかし，年に１回の公開研究会の授業を大切にするのではなくて，１年間で行う1000時間の授業＝普段の授業を大切にしたい，と本校の職員は願い続けています。毎日毎日の授業をしっかり行うことが，子どもたちに揺るぎない力を付けていくことになる，と固く信じているからです。

　　　　　　　　　　　（平成26年度　公開研究会　研究紀要より）

(3) 普段の授業を大切にする，そのための指導案検討とは

　皆さんの学校では，指導案検討を行う際に，どの部分に時間をかけて検討されますか？どの部分を大切にして，検討されますか？
　各学校によって，また校内研修の取組によって，違いが出ることだろうと

思います。

　本校では，何より「2　単元の構想」を大切にして，指導案検討を行います。「1　単元名」の次に当たる部分，学校によっては「教材観」，「単元観」などと呼ばれる部分です。

> 「単元の構想」が固まらないうちは，絶対に他の部分を書かないようにしてください。

　研修部長である私は，指導案検討が始まっていく時期になると，このように伝えます。「単元の構想」がブレると，すべてがブレていくのです。また「単元の構想」をしっかり固めていかないと，「どんな力を付けるか」ということではなくて，「何をするか」ということを考えがちになります。活動主義の単元になっていくのです。本校では，これを一番恐れます。「活動あって，学びなし」の授業です。

　ですから，本校では「単元の構想」を大切にするとともに，検討の際にも「ねらい，ねらい，そしてねらい」という意識で取り組み，「この単元では，どこにたどり着きたいのか」「なぜ，この単元を行うのか」「付けたい力は，子どもの姿で語るとどのようなものか」といったことを中心にしていきます。本校では，確かな力を子どもたちに付けていくための指導案検討を行っているのです。

　本校の指導案「単元の構想」は以下のような構造になっています。

第1パラグラフ…単元における児童の実態（こんな子たちだから）
当該単元等における児童の実態を見極め，記述する。
第2パラグラフ…中心教材の特徴や特質（こんな教材で）
単元における中心教材についての教材観をとらえ，記述する。
第3パラグラフ…単元における身に付けたい力と学習指導要領とのかかわり（この力を）
単元で身に付けたい力と，学習指導要領を結び付けて，記述する。
第4パラグラフ…身に付けたい力を付けるための具体的な単元展開のあり方（こんな展開で）
何次で構成するか，中心の学習活動は，等の要素を基に記述する。

右の矢印は単元づくり，授業づくりの柱です。この柱はブレてはならないのです。

3 網走小学校　校内研修の実際
(1)「拝聴型研修」をやめよう

　研修部から提案が「下ろされ」，それを「拝聴し」，そして「なぞっていく」…。

　そのような研修をやめようと思っていました。どんなによい提案をしても，どんなに画期的な提案をしても，教室の授業レベルで表現するのは，一人一人の研究同人なのです。校内研修に参加している一人一人が，提案を自分のものとし，また自分のこととして考え，そして同僚と協同しながら議論していく…。そんな研修にシフトしていかなければ，校内研修は画に描いた餅になるだろうと思っていました。

　本校では「拝聴型研修」ではなく，以下の形式で校内研修を行っています。

ワークショップ型研修

　読者の皆さんは，「あれ，意外だな…。」と思われるのではないでしょうか？「今さら？もう何年も前から言われている形式じゃないの？」と。

　確かにその通りです。何年も前に，ワークショップ型研修が提起され，多くの学校で取り入れられてきました。しかし，ワークショップ型研修を取り入れた目的や意図を明確にもち続けながら進められているでしょうか。

・マンネリ化の傾向がみられる。
・活発に意見が出るが，言いっぱなしで終わってしまう。

　ワークショップ型研修が多くの学校で取り入れられて，数年後，上記のような悩み，課題が挙げられました。私は，ワークショップ型研修を取り入れた目的や意図を明確にもち続けられなかったためだと考えています。

　繰り返しになりますが，本校がワークショップ型研修を取り入れた理由は，

校内研修に参加している一人一人が，提案を自分のものとし，また自分のこととして考え，そして同僚と協同しながら議論していく…。そんな研修にシフトしていくため。

なのです。この目的や意図をしっかりもち続けることが肝要です。
　では、どのようなワークショップ型研修を展開していけば、上記のような研修の姿になっていくのでしょうか。マンネリ化や「言いっぱなし」を防ぐことができるのでしょうか。本校のワークショップ型研修の実際を説明したいと思います。

(2)「もうちょっと話したい…。」を生むワークショップ型研修

　「拝聴型研修」ではなく、一人一人が提案を自分のこととしてとらえ、協同しながら議論していく研修を目指して、本校では「ワークショップ型研修」を取り入れました。

　左の写真をご覧ください。このテーブルに両手をついて立っているのが私です。つまり研修部です。他は皆、研修部ではありません。大きく手を伸ばし、模造紙を基に話を展開している女性の教諭も、もちろん研修部ではないのです。

　提案を自分のこととしてとらえ、協同して議論していく研修にしていくためには、この女性教諭のような「話したい！」「聞いてもらいたい！」という意欲、気持ちを引き出していくことが大切です。そのためには、ワークショップ型研修が最適なのです。

　本校のワークショップ型研修は大きく次のように進めています。

STEP１　研修時間における見通しの明確化
　当日の研修で議論する内容、ゴールを提示し、この時間の最後にたどり着くイメージを共有化する。

STEP２　議論する内容についての意見等の表出
　議論する内容について、一人一人が付箋紙に１枚ずつ自分の考えなどを書きだしていく。（付箋紙１枚に１事項）

STEP３　付箋紙を貼りながら、議論を進める
　一人一人が付箋紙を貼りながら、その内容を説明する。研修部はファシリテーターとなって、議論を深めるようにする。この場における研修部＝ファシリ

> テーターの役割は極めて大きい。
>
> STEP4　各グループで出た意見等の共有化
> 　各グループでまとめた模造紙を発表し合い，どのような意見が出て，どのようにまとまっていったのかを発表し，共有化する。
>
> STEP5　ワークショップのまとめと展望（研修部の総括）
> 　ワークショップを「意見の出しっぱなし」にしないためにも研修部の総括が必ず必要である。そのため，研修部は各グループの議論内容に耳を澄ますようにしている。

　本校では，14時45分頃から研修を始め，15時30分に終わる予定で進めています。この5つのステップで進めるには，なかなか忙しい思いをしますし，予定通り終わらず時間をオーバーしてしまうこともあります。しかしながら，このワークショップ型研修は一人一人の意見を出し合い，協同しながら議論していく研修を形づくっていくのに最適だと考えているのです。

　このようなワークショップ型研修が終わった後には，このような風景が見られます。

　左の写真は，「子どもたちに育てたい力は何か？」というワークショップを終えて，ややしばらくした後のものです。

　笑顔で子どもたちについて語る職員，そして机では「まだ，考えたいな…。」「まだ，語り合ってみたいな…。」と思っている若手の教諭。「拝聴型研修」では決して得られないであろう，この風景。このような風景を共有したくて，網走小学校の校内研修は，その手がかりを「ワークショップ型研修」に求めたのです。

　「一人の百歩より，百人の一歩」。私たちは，そんな校内研修を目指しているのです。

(3) 授業公開の取組

　本校では，授業公開の取組が研修の柱の1つです。年に1回同僚に公開し，授業交流をします。そして，12月の公開研究会で校外に公開します。また，「授業交流」「公開授業」という名前がついていなくても，日常的に授業を見

合っています。お互いに授業を見合い，批評し合い，高め合う風土があります。
　同僚や外部の先生方に授業を公開することで，自分の授業をふり返る契機になります。また，他の先生方の授業を参観することによって，自分の授業の改善につなげる視点を得ることができます。いずれにしても自分の実践を「人に問う」ことは，学び多きことなのです。本校では，通常6～9月は同僚に公開する「交流授業」の取組，12月は外部の先生方に公開する「公開研修会での公開授業」の取組を行っています。

　左の写真は，本校の初任者の授業を同僚の教諭が参観している場面です。特に「交流授業」「公開授業」が設定されているわけではありません。日常的にこのような風景が見られるのです。参観している教諭は，付箋紙に授業を見て感じたことを書き綴っています。この付箋紙を基に放課後，短い授業協議会が行われていくのです。若手の教諭にとっては，これが何よりも貴重な学びになるのです。
　授業を見合い，批評し合い，高め合うこと。そしてその風土が根付いていること。網走小学校の校内研修には，このような柱が貫かれているのです。

4　網走小学校　校内研修理論～平成26年度　研究紀要より～

網走小学校　研究主題　自ら学び考える力の育成

(1) 研究主題設定の理由
　◇なぜ「自ら学び考える力の育成」という研究主題を設定したのか
　研究主題を設定した理由は，次の3点です。
1　昨年度までの研究の課題を踏まえたものにするため
2　公開研のための授業ではなく，年間1000時間の授業を大切にするため
3　研究主題と重点教育目標とのかかわりを明確にするため
　1について。昨年度までの研修は，今年度と同じように「言語活動の充実」を副主題に掲げて進めていきました。その際，「言語活動の充実」とは，「思考力・判断力・表現力」を身に付けるための手段であることを確認して

いきました。具体的な研究内容としては「ねらいと言語活動の一体化を図った単元構成の工夫」と位置付けました。

　しかし、「適切な言語活動の選択」と「考える力の育成」が、実践としてうまく結び付かなかったのです。「適切な言語活動を選択しさえすれば、子どもたちに考える力は付くのだろうか」という課題が、1年の研究を経て明確になってきたのです。

　それでは子どもたちに考える力（＝現在求められている「思考力・判断力・表現力」）を付けるには、どのようなアプローチがあるのだろうか。それを明らかにしていきたい。そんな課題意識の下、「自ら学び考える力の育成」という主題を設定することにしました。

　2について。本校は、8年連続で公開研究会を行い、参加者の皆さまから多くの学びをいただいています。多くの皆さまに参加していただきますので、「すごい授業」「活発な授業」「派手な演出のある授業」をしたい、と思ってしまいます。

　しかし、年に1回の公開研究会の授業を大切にするのではなくて、1年間で行う1000時間の授業＝普段の授業を大切にしたい、と本校の職員は願い続けています。毎日毎日の授業をしっかり行うことが、子どもたちに揺るぎない力を付けていくことになる、と固く信じているからです。

　そのためには、研究主題も普段の授業の中で、授業者が意識し続けるものである必要があります。現在求められている力＝「思考力・判断力・表現力」を確かに育てていくためにも、普段の授業で研究主題を意識できるものでありたい。それなら、派手さはないが、平易な言葉で表すことができるものでありたい。そんな想いがあり、「自ら学び考える力の育成」という主題を設定することにしました。

　3について。本校の今年度の重点教育目標は、「自ら学び考える子の育成」です。重点教育目標に、校内研修の側から、どのようにアプローチしていくかを明らかにする必要があります。研究主題は、学校教育目標はもとより、年度の重点教育目標などを受け止めたものでありたいと思っています。なぜ

なら，学校とはすべての教育活動で，子どもたちの人格の完成を意図していく場所だからです。その学校で，「こんな子どもになってほしい」「こんな力を付けた子どもになってほしい」「こんな心をもった子どもになってほしい」などを規定しているのが学校教育目標です。そして，当該年度における重点の目標を規定しているのが，年度の重点教育目標です。研究主題も，学校教育目標，年度の重点教育目標を意識せずに設定してよいわけがありません。学校教育目標，年度の重点教育目標などを志向したものである必要があるからです。

以上，3点が研究主題設定の理由です。

本校職員の，課題意識，想い，ねらいを研究主題に込めたことをご理解いただければと思います。

(2) 研究の全体構造

本研究の全体構造図を示します。

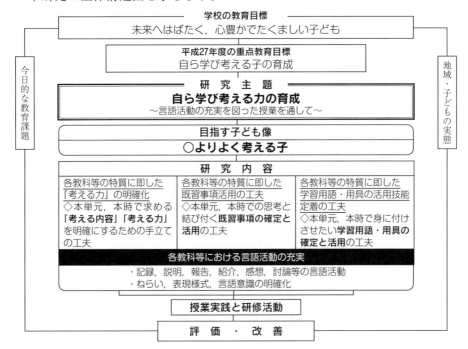

(3) 目指す子ども像「よりよく考える子」について～「よりよく考える子」とは何か～

指導者が，子どもたちに指導をするとき，よく口にする言葉があります。

> 「よく考えなさい。」「じっくり考えなさい。」
> 「詳しく話してごらん。」「わかりやすく書きましょう。」……

指導者はよくこれらの言葉を口にします。しかし，指導者の想いと反して，子どもたちは戸惑ってしまいます。それは何故でしょうか。きっと子どもたちは心の中で，このように思っているのではないでしょうか。

> ・よく考えるっていうけど，「よく」ってどういうことだろう？
> ・じっくり考えなさいっていうけど，「じっくり」ってどういうことだろう？
> ・詳しくっていうけど，どう話したら「詳しく」っていうことになるのかな？
> ・わかりやすくっていうけど，どう書いたら「わかりやすく」っていうことになるのかな？

指導者は，「わかりやすい」言葉で話しているつもりでも，子どもたちにとっては実に「わかりにくい」言葉になっていることがあるのです。

本研究の目指す子ども像は「よりよく考える子」です。先の例と同じです。わかりやすいようで，わかりにくい言葉です。そこで，本校が求める「よりよく考える子」を，一つの例を通して，述べていきます。

4年生の算数「面積」の学習で，次のような図形の面積を求める問題があります。今までは，正方形，長方形の面積の求め方の学習をしています。

例えば，この問題に出会った時，「難しいな。手も足も出ないな…。」という子どもがいたとします。

授業が進むにつれて，友達の発表などを聞いて，「2つの長方形に分けて，足した

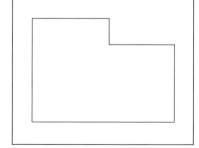

らできる」ということに気付きます。「ああ，そう考えたらよいのか！」この問題についての見方を獲得したのです。

さらに，「ここをこう分けることもできるのではないか？ちょっとやってみようか？」と挑戦していくかもしれません。また，友達と話し合いながら学習を進めることで「こういう考え方もできるよ」という意見に出会い，新しい考え方に出会うこともあるでしょう。

「なるほど，いろいろな考え方で問題を解くことができるのだな。自分はこの解き方，考え方がすっきりするな。」というところにたどり着くかもしれません。

例として挙げましたので，理想的な筋道であることはご了承ください。本項で述べたいのは，この例に現れている子どもの具体的な姿を，「よりよく考える子」と考えていることです。

すなわち，

> ①考え方を理解することができる子
> ②理解していること＝既習事項を生かして，考えることができる子
> ③1つの問題に対して，多面的に考えることができる子
> ④自分の得意な「考えるスタイル」を知り，実践できる子

です。特に本研究では②を重視していきたいと考えています。

(4) 研究内容について～各教科等の特質に即した「考える力」の明確化～

研究主題，そして目指す子ども像への接近を意図するために，どのようにアプローチしていくのか。そのアプローチの具体的内容が「研究内容」となります。

研究内容の初めに位置付けたのは，「各教科等の特質に即した『考える力』の明確化」です。

「よりよく考える子」を育成するためには，「考える」とは一体どういうことなのか，ということを指導者側が明らかにしなければなりません。「本単元で求める『考える力』とは何か？」「本時で求める『考える力』とは何か？」それらが明らかになっていない単元，授業は，目的地の無い旅と同

じです。「考える力」が無い授業は，絶対に「考える力」を付け得ることはできないのです。ですから，本研究では，研究内容の初めに，「『考える力』の明確化」を位置付けたのです。

では，どのような手がかりを基に，「考える力」を明確にしていけばよいのでしょうか。本校では，学習指導要領の分析を手がかりとしようと考えました。次の表をご覧ください。

	教科における目標と内容等の一覧			H.24.5.31 研修部
	教科の目標	主な学習内容など	主な学習活動など	主な言語活動例
国語	◇国語を適切に表現し，正確に理解する能力を育成し，伝え合う力を高めるとともに，思考力や想像力及び言語感覚を養い，国語に対する関心を深め国語を尊重する態度を育てる。	○言語（音声・文字） ○言葉 ○表現様式	(1)話す・聞く (2)書く (3)読む	・説明，報告，助言，提案 ・記録，報告，説明，意見 ・想像を広げて，物語などを演じて，感想を書いて，利用して，推薦の文章を書いて
社会	◇社会生活についての理解を図り，我が国の国土と歴史に対する理解と愛情を育て，国際社会に生きる平和で民主的な国家・社会の形成者として公民的資質の基礎を養う。	○自分たちの住んでいる身近な地域や市，町，村 ○都道府県の様子 ○我が国の様子 ○歴史上の主な事象 ○我が国の政治の働き	(1)活用する（地図等） (2)観察，見学，調査する (3)調べる (4)考える （工夫，役割など）	・白地図などにまとめる活動 ・立場を明確にして話し合う活動 ・考えたことを提案する活動 ・予想や仮説を確かめるために調べる活動 ・調べたことを表現する活動
算数	◇算数的活動を通して，数量や図形についての基礎的・基本的な知識及び技能を身に付け，日常の事象について見通しをもち筋道を立てて考え，表現する能力を育てるとともに，算数的活動の楽しさや数理的な処理のよさに気付き，進んで生活や学習に活用しようとする態度を育てる。	○A 数と計算 ○B 量と測定 ○C 図形 ○D 数量関係	(1)計算する (2)測る (3)作図する (4)立式する (5)分類整理する	・計算の仕方を比較する活動 ・大きさなどを比べる活動 ・実際に測定する活動 ・グラフや表を用いて，表し，調べる活動 ・かいたり，作ったりする活動
理科	◇自然に親しみ，見通しをもって観察，実験などを行い，問題解決の能力と自然を愛する心情を育てるとともに，自然の事物・現象についての実感を伴った理解を図り，科学的な見方や考え方を養う。	○A 物質とエネルギー ○B 生命・地球	(1)自然に親しむ (2)予想や仮説を持つ (3)観察や実験を行う (4)結果を整理し考察する	・体験したことを図を用いて説明する活動 ・実験の結果を予想や仮説と関係付けながら考察を言語化する活動
図工	◇表現や鑑賞の活動を通して，完成を働かせながら，つくりだす喜びを味わうようにするとともに，造形的な創造活動の基礎的な能力を培い，豊かな情操を養う。	○A 表現 ○B 鑑賞	(1)発想してつくる (2)絵や立体，工作などに表す (3)よさや美しさなどを感じ取る (4)表し方などによる感じ方の違いが分かる	・話し合いを行うことで発想や構想を深める活動 ・互いの作品を見合うことで見方や感じ方を発展させる活動
音楽	◇表現及び鑑賞の活動を通して，音楽を愛好する心情と音楽に対する感性を育てるとともに，音楽活動の基礎的な能力を培い，豊かな情操を養う。	○A 表現 ○B 鑑賞	(1)楽譜を見るなどして歌うこと (2)楽譜を見るなどして演奏すること (3)楽曲の特徴などのよさに気付くこと	・体を動かす活動によって，楽曲の特徴に気付かせる活動 ・楽曲のよさや表現の工夫を説明する活動 ・感じ取ったことを絵やデザインなどで表す活動
体育	◇心と体を一体としてとらえ，適切な運動の経験と健康・安全についての理解を通して，生涯にわたって運動に親しむ資質や能力の基礎を育てるとともに健康の保持増進と体力の向上を図り，楽しく明るい生活を営む態度を育てる。	○A 体つくり運動 ○B 器械・器具を使っての運動遊び ○C 走・跳の運動 ○D 浮く・泳ぐ運動など	(1)運動を楽しく行いその動きができること (2)ルールなどを守り，安全に気を付けること (3)能力に適した課題を持ち活動することを工夫すること	・ルールなどを話し合い等を通してコミュニケーションを図る活動
家庭	◇衣食住などに関する実践的・体験的な活動を通して，日常生活に必要な基礎的・基本的な知識及び技能を身に付けるとともに，家庭生活を大切にする心情をはぐくみ，家族の一員として生活をよりよくしようとする実践的な態度を育てる。	○A 家庭生活と家族 ○B 日常の食事と調理 ○C 快適な衣服と住まい ○D 身近な消費生活と環境	(1)生活を楽しく工夫 (2)食事についての役割等を知ったり考えたりすること (3)衣服の働き等が分かること	・実習レポートを基に話し合い，言葉を実態を伴って理解させる活動

主な教科について，目標，領域や内容，主な言語活動例を一覧にしたものです。

このように一覧にすると，各教科の特徴が明らかになってきます。

例えば，国語の言語活動例には「説明」があります。国語における「説明」は，目的に応じて，事柄や時間の順序に沿って，段落相互の関係を明らかにしながら読むことが求められます。つまり，ここで考えるのは，「どんな事柄がどんな順序で起こったかな？」または，「自分の伝えたいことは，どんな段落にするとよりよく伝

わるかな?」ということです。

　対して理科には「実験の結果を言語化する活動」があります。実験の結果を言語化する際には，予想や仮説，実験条件，実験後の考察を述べることが欠かせません。ですから，「なぜこのような予想を立てたのか」「なぜこの条件で実験を行ったのか」といったことを考え，表現していくことが必要です。

　このように，同じ書くという言語活動でも各教科によって，「考える」内容が違ってきます。学習指導要領を手がかりにしながら，「この教科の，本単元では，この内容を考えさせたい！」ということを明らかにして授業に臨みたい。そんな想いから，本研究内容を位置付けました。

(5) 研究内容について～各教科等の特質に即した既習事項活用の工夫～

　無から有は生まれません。

　子どもたちが新しい課題に出会った時に，ゼロから考えるのは非常に難しいことです。何かを考えるためには，考えるための手がかりや材料が必要です。子どもたちは，既にそれを手にしています。それは「既習事項」です。既習事項を手がかりにすることで，新しい課題に対しても，ゼロから考えるよりはよりよく考えることができます。

　そのためには，指導者が「本単元では，何学年に学習した，どんな既習事項が活用できれば，本単元の課題をよりよく考え，解決していけそうか」という構想を練る必要があります。また，「どの場面でどのように提示し，子どもたちに活用させたいか」を明確にしておく必要があります。

　当該学年の学習内容だけを対象にしていては，それらのことを明確にすることはできません。下学年の，または上学年の学習内容も視野に入れながら，教材研究を進めていく必要があります。しかし，毎日の授業の中で，上学年や下学年の学習内容を視野に入れた教材研究をしていくのは大変です。

　教材研究にはいろいろな方法がありますが，手軽にできる方法として，教科書分析があります。同じ領域，内容の下学年，当該学年，上学年の教科書を並べてみるのです。そうすると，何が既習事項なのか，そして当該学年の学習が上学年の学習にどのようにつながっていくのか，ということが見えま

す。

　このような教材研究をしながら，既習事項を明らかにし，活用を図っていくのです。

　下の写真は，既習事項を活用した授業の板書例です。

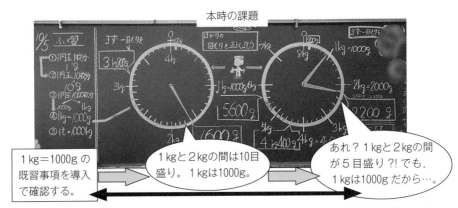

　上記の板書例は，導入で扱った「1kg＝1000g」の既習事項を手がかりにしながら，「はかりの目もりを正しくよもう」という課題の解決に向かって学習を進めていったものです。1kgと2kgの間が10目盛りの場合は1目盛り100gと容易にわかります。しかし，1kgと2kgの間が5目盛りの場合は，「ん？」となることが少なくありません。そこで，手がかりとなるものに立ち返って考えることができれば，「あ，できるかもしれない。」と思うことができるでしょう。それが，本時では「1kg＝1000g」だったのです。

　新しい課題に出会った時に，立ち返るところがあること。「これを手がかりにして考えれば，なんとかなる。」ということ。それが「既習事項の活用」なのです。既習事項を活用する，ということが子どもたちの中で意識できていけば，「よりよく考える子」，そして「自ら学び考える子」の育成につながっていくだろうと考えています。

(6) 研究内容について～各教科等の特質に即した学習用語・用具の活用技能定着の工夫～

　思考は言語に規定されます。各教科には，各教科ならではの言語・用語，

そして用具があります。各教科の学習においては，各教科ならではの言語・用語等をしっかり定着させていくことが大切です。さらに，それらの言語・用語を使いこなして，話合いや説明などができるようにさせることも必要です。そして，それらの言語・用語を用いて，思考できるようにしていくことが大切です。学習用語は，各教科における思考の基です。学習用語をしっかり定着させ，活用する場面を設定することで，教科の特質に即した思考が生まれてくると考えます。

　学習用語を定着させる必要があるのは，「知識・理解」の観点からだけではありません。「表現」の観点からも必要です。例えば，社会科である地名について地図帳を用いて説明したとします。「小樽は札幌の上です。」とある子は説明しました。正しくは「小樽は札幌の北です。」になるでしょう。言うまでもなく「上」と「北」では概念が全く異なります。正しい概念で表現するためにも，学習用語は重要なのです。6月～9月に，本校で行われた各交流授業の中で扱われた学習用語の一例を示します。

国語
〈2学年　書くこと領域〉
□見出し　□題名　□事実（見たこと）　□意見（思ったこと）
〈3学年　伝統的な言語文化〉
□俳句　　□季語　□五・七・五の十七音　　□リズム

算数
〈2学年　図形領域〉
□三角形　□四角形　□辺　□ちょう点　□直角　□長方形　□正方形
□直角三角形　□三角定規　□方がん
〈4学年　数と計算領域〉
□見積もり　□切り捨て　□切り上げ　□多めに見積もる
□少なめに見積もる

音楽
〈5学年　音楽づくり〉

□和音
〈3学年　歌唱〉
□旋律　□強弱　□表現　□音階　□フレーズ
体育
〈4学年　小型ハードル走〉
□リード足（振り上げ足）　□抜き足　　□助走
□インターバル（ハードル間）　□ハードリング

　交流授業で扱われた学習用語の一例を示しました。学習用語を授業の中で扱う大切さは先述しました。指導者の側からみても学習用語の確定は大きな意味があります。学習用語を確定することで，単元や授業のねらいが明確になるということです。「ハードル走を教えるとは，具体的に何を教えることなのか」「本単元で求める歌唱のよさとは，何なのか」「本時で求める段落相互の関係とは，どのような関係なのか」ということが，学習用語を確定することで明らかになってきます。本単元や本時で，何を考えさせたいのか，ということを明らかにするためにも，学習用語の確定は大切なのです。

(7) 研究内容について～各教科等における言語活動の充実について～

　本校の求める各教科等における「言語活動の充実」は，次の3要素を踏まえるようにしています。

　1点目は，ねらいです。この授業では何をしたいのか，この授業で子供に身に付けさせたいことは一言で言うと何なのか，それらを明確にすることなしに，言語活動の充実はあり得ません。言語活動の充実は，あくまで手段であって，目的ではありません。「どんな言語活動を行おうかな？」というスタートではなく，「どんなねらいの授業をしたいのかな？」「それを達成するための言語活動はどのようなものかな？」というプロセスで授業を，単元を構築できるようにしていきたいと考えています。「How ではなく Why」を大切にしていきたいと考えています。

　2点目は，表現様式です。例えば文章を書く活動を行うときは，マス目にして何字以内と条件を付けるのか，スペースだけを確保したものにするのか，

授業のねらいによって，様式は変わってきます。ねらいを達成するための言語活動の様式とは，どのようなものが適切であるのか，それらをしっかり踏まえたものでありたいと考えています。

3点目は，言語意識です。とりわけ，相手意識，目的意識を重視していきたいと考えています。子どもたちにとって，その言語活動は，どの相手に向かっているのか，どの目的に向かっているのかが自覚できるようなものでありたいものです。言語意識が明瞭であればあるほど，言語活動に子どもたちなりの工夫や発見，発想が生まれてきます。そのような姿を言語活動を行う子どもたちに，見出していきたいと考えています。

以上の「言語活動の充実」のための3要素を図にすると次のようになります。

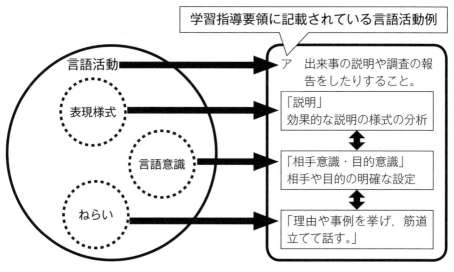

国語科　3・4学年　話すこと・聞くこと領域の例

本校が何よりも大切にしているのは「ねらい」です。確かに力が付く言語活動を求めているのです。

第2章 規律ある日常授業を支える教育活動・校内研修の進め方

1 めあて→取組→ふり返り

1 学校の行事には

　学校において行われていることは、全て「教育活動」です。授業はいうまでもありません。朝の活動（例えば朝読書や朝自習）、休み時間、給食、掃除、委員会活動、各種行事等々これら全てが教育活動です。ですから、もし給食中に担任に電話がかかってきた時は、「申し訳ありません、ただいま給食指導中です。」となるわけです。教育活動であるということは、それは学校の教育目標や、校長が示す学校経営方針に沿って行われるべきものであるはずです。何のためにその行事をやるのか、その行事を通して子どもたちにどんな力を付けさせたいのか、これが一番大切になってきます。本校では、教師も子どもたちもこの目標を意識して取組を進め、主な行事のあとには教師も子どもも反省をします。

2 何のためにその行事があるのか

　どの学校でも、各種行事にはめあてがあります。問題は、どれだけそのめあてを意識して教師は指導し、どれだけそのめあてを意識して子どもたちは活動しているのかということです。本校では、行事の前には必ず「めあてカード」を作成します。めあてカードには、「個人や学級としてのめあて」→「めあてを達成するためにすること」→「ふり返り」を書きます。担任はその行事はどんな教育的な目標の下に行われるのかということを必ず話してから、子どもにめあてを書かせています。例えば、遠足では「計画を立てたことを実行することで、学級・学年の絆を深めるとともに達成感を味わう」というめあてがあります。運動会では「体育的活動や係活動を通して、周囲と協力しながら自主的に取り組み、想像していく力を養う」とあります。それぞれの行事に

は，それぞれのめあてがあるのです。多くの場合，どうしても「取組」の方に目が行きがちです。指導していく中でも，ついつい目の前の出来具合が気になってしまい，そこだけを追求する指導になってしまいがちです。でも，私たち教師は，常にめあてを意識した指導をする必要があるのです。その行事を終えたときに，子どもたち自身がどんなふり返りをするかは，ここにかかっているのです。

3 反省では

　教員間での各種行事の反省は，もちろんどの学校でも行っています。ただ，その反省の項目内容はどうでしょうか。めあてについて，日程について，種目について，係について等といったところではないでしょうか。以前は，本校もそのような項目だけでした。しかし，大切なのは「何のためにその行事をやるのか」「その行事を通して子どもたちにどんな力を付けさせたいのか」だったはずです。現在，本校の反省シートの最後には，必ず「児童の姿から見られる成果と課題」という項目があります。子どもたちは，自分自身が立てためあてに対してふり返りをします。教師がふり返る「児童の姿から見られる成果と課題」からは，これまでその行事を通してどんな指導をしてきたのかということを，子どもの姿を通して実は教師としての指導の姿をふり返っているのです。

4 どんなときでも「何のために」を意識する

　4月，入学式の前日。新6年生が入学式や新年度の準備のために登校してきます。これも，どこの学校でも見られる光景です。この日は，6年生になった子どもたちにとって初めての全校に対する活動。最高学年になることを自覚させる大切な一日になります。「入学式準備のお手伝い要員としてきみたちを登校させたのではない。きみたちの力が必要なのです。」という指導者側のかかわりと価値付けが肝要なのです。「前日準備」このわずか2時間程度の中にも，教育としてのめあてを持って取り組んでいるのです。

2 行事指導の在り方～即改善の指導～

1 行事指導を通して教員間の連携も強める

　年間スケジュールを見渡すと，どの小学校においても各月に１回程度，行事が計画されています。行事の中には遠足・集団宿泊的行事や勤労奉仕的な行事など，それぞれの時期や目的，児童の発達段階に合わせた行事があります。
　その中から今回は，本校における運動会と卒業式を例に行事指導の在り方について触れていきます。上述２つの行事については，例外なくどの小学校でも位置付けられていると思います。また，他の行事とは異なり，全校児童に対して一斉指導が必要な場面があることが共通していると言えるでしょう。
　それぞれの行事には全体指導を行う担当者がいます。その担当者の準備や計画の調整力，指導力などが必要ではあることは言うまでもありません。しかし，本校では初任者層の教員にも，積極的に行事の担当者を任せています。経験の浅い担当者だけが責任を負うのではなく，各校務分掌が機能しバックアップやフォロー体制があってこその抜擢でもあります。行事には，それぞれの達成するべき目標がありますが，それとは別に「分掌機能の円滑な活用」や「チームワークの向上」もねらいとしています。

2 即改善の指導とは…

　どの学校でも見られる光景かもしれませんが，本校では行事の全体指導の際に途中で全職員が輪を作って相談する場が設けられています。イメージとしては，高校野球でベンチ前に円陣を組む球児たちのように駆け足で集まります。この輪の中では担当者や各部のリーダーが進行役となり，管理職を含めた全職員で短時間の確認作業を行います。それぞれの視点から出された意見をまとめ，確認作業後の全体指導へ迅速に生かしていくのです。

ごく当たり前のことかもしれませんが，反省会議を終えて次年度へ生かすことよりも，「その場での改善」や「よりよいものを求める意識」が全職員に共通意識としてあるからこそ可能なことだと考えています。それが本校の行事における即改善の指導の１つと言えるかもしれません。

　また，卒業証書授与式では，限られた全体指導の時間内に全校児童はもちろん，全職員にも指導の観点の共通理解を図るために視覚的に訴える指導を試みています。具体的には，共通理解を図りたい言葉や姿をプロジェクターでステージに投影し，目指したい姿を

可視化することです。前回の全体練習でのよかった所，さらに改善できる所などピックアップすることにより，単発の行事練習になるのではなく，積み上げていく感覚が児童にも職員にも生まれています。この卒業証書授与式でも運動会同様に全職員が輪を作って相談する場があり，指導の在り方や意図を各学級各学年で生かせるように工夫されています。

3　全職員の共通理解された見取りがあるから…

　本校では，縦割り清掃や委員会活動，クラブ活動，なかよし下校など日常から担当する学年だけでなく，他学年の児童を指導する機会が多くあります。その日常の見取りに加え，行事のねらい，目的，目指したい子ども像が全職員で共通理解されているからこそ，教員が能動的な判断をして行事でも指導ができていると考えています。それが隣のクラスであっても，他学年でもあっても指導が揺らぐことはありません。結果，全校児童を複数の目で見取り，本校として共通・一貫・徹底・継続した行事指導となり，全校児童の成長へとつながっているのです。

3 縦割り班清掃

1 網走小学校の清掃指導

　本校では，昼休みの後に全校児童が縦割り班で清掃活動を行っています。指導には全職員が携わり，下記のような指導方針のもと，毎日の指導を続けています。

・自分の役割に責任をもって仕事ができるようにする
・何をすべきかを判断しながら活動できるようにする
・汚れの程度に合わせて，柔軟な対応ができるようにする
・一緒に清掃している人たちの姿から学ぶことができるようにする
・学んだことを行動に移すことができるようにする
・「きれいな教室は気持ちがいいな！」「学校をきれいにしたいな！」という想いをもって取り組めるようにする

　清掃場所には，清掃の手順やモデルとなる掃除の仕方を写真で掲示しています。可視化することで，清掃場所が変わっても子どもたちが戸惑うことなく掃除を始めることができます。

　清掃終了後には必ず反省会を行い，一人一人がその日に頑張ったことなどを発表しています。次回の改善点を確認するだけでなく，相互理解と仲間意識の醸成にもつながっています。

2 縦割り班清掃のよさ

　本校では，縦割り班清掃に，次のような価値を見出しています。

　1点目は，校内の様々な場所を清掃できることです。清掃場所は，2週間毎に交代するため，1年間で約20箇所を清掃することになります。

　自分が清掃した場所には，自然と愛着が湧くものです。「自分がきれいにした場所を大切に使いたい。」という気持ちで校内の様々な場所や物を扱お

うとする心情を育むことにつながります。「気持ちよく学ぶことのできる環境を自分たちがつくる」という意識も高まるのです。

　２点目は，異学年の交流が図れるということです。低学年にとっては，高学年の姿から物事への取り組み方や人とのかかわり方を学ぶ場，高学年にとっては低学年とのかかわりからリーダーとしての在り方を学ぶ場になっています。

　低学年が自分の役割に責任を持って取り組めるように，高学年は「やってみせて，やらせてみせて，ほめていく」ことを日常的に行っています。高学年のリーダー性が見えた時には，担当職員が大いに価値付けています。時間はかかりますが，子どもたちが目的や相手を意識しながら清掃に取り組む姿が見られるようになっています。

3　全職員で子どもを育てる

　本校では，どの学級も自由に参観できることになっており，さまざまな学級の参観を通して児童理解に努めています。専科教員が気付いた子どものよさや，休み時間に見られた子どもの様子等は，すぐに担任に伝えるようにしています。学校全体で，子どもたちを見守り，育てる風土があるのです。

　清掃の時間には，全職員が子どもたちと一緒に掃除をしています。子どもたちにとって，真剣に清掃する教師の姿はよい手本になります。掃除用具の使い方や，15分の中でどこまできれいにしたらよいかという基準などを，教師の姿で伝えることができます。

　子どもたちと一緒に清掃をしていると，一人一人のよさが見えてきます。よい行動を価値付けることができるということです。ほうきを使って黙々とトイレの隅を掃いている子，きれいになったタイルに感動を覚えている子，わからないことを高学年に質問している子，他の人の仕事を手伝っている子…。その一つ一つを見逃さずに価値付けてあげたい。そんな想いをもって，本校の教職員は子どもたちと共に清掃を行っています。

　清掃活動の時間も大切な教育活動の時間です。「清掃指導で子どもを育てる」という意識を全職員で共有し，毎日の小さな指導を積み重ねています。

4 集会活動

1 本校が実施する集会活動とは

本校では，月に1回程度，15分休みを使った集会活動（潮風タイム）と，前期・後期にそれぞれ3回ずつ，15分休みと3校時を使った集会活動（ひびき）を行っています。1年生歓迎集会や6年生お別れ集会といった毎年行われる集会の他に，代表委員会や各委員会が活動内容に合わせて企画する集会（委員会集会）があります。

集会は，その内容に合わせて「潮風タイム」と「ひびき」のどちらかを使うことになりますが，回数・時間が限られているため，各委員長による話合い

委員会	内容
代表委員会	仲良くなろう集会【ゲーム】
文化委員会	イラストコンクールの表彰式
図書委員会	図書室のマナー【劇，○×クイズ】
保健委員会	保健について【劇，○×クイズ】
体育委員会	運動を好きになろう集会【ゲーム】

（調整会議）によって決定する方法をとっています。そのため，各委員会では，委員会行事の内容・希望する日時・必要な時間等について，調整会議までに話し合っておく必要があります。本校では，これら集会活動の指導をする際，次の2点に留意して取り組むようにしています。

・目的を明確にした集会活動　・相手意識をもった集会活動

2 集会活動をより意義のあるものに

本校においても，授業時数の増加による放課後の活動時間の減少など，委員会活動の時間を確保し辛い状況にあります。限られた時間の中で，どれだけ有意義な集会活動を行うことができるかが大切になってきています。

(1) 目的を明確にした集会活動

集会の目的を意識させて活動させるということですが，例えば，代表委員会の「仲良くなろう集会」であれば，『いろいろな学年の人とかかわることで新しい人とのつながりをつくる』などが目的となります。この目的に迫るための内容や進め方を話合いによって決めていきます。当たり前のことですが，何度も集会を行う機会がないからこそ大切にしているところです。

(2) 相手意識をもった集会活動

集会活動には，必ず相手が存在します。図書室のマナーを知ってもらう集会，運動を好きになってもらう集会，それぞれに対象となる相手がいます。集会に参加する全員が，集会の目的や内容を理解することができるように，説明の仕方を工夫します。

また，集会活動は，企画側だけでなく参加者にも相手意識をもたせることが大切だと考えています。「私たちのために企画してくれている」という意識をもつことで，集会に参加する態度が変わります。企画側，参加者ともに相手意識をもって集会をつくっているのです。このような相手意識は集会活動だけで醸成されるものではありません。日常の授業や学級活動の積み重ねで，身に付いていったものなのです。

3 集会活動の成果として見られる児童の姿

(1) 自ら企画し実践することで育まれる自主性

「潮風タイム」や「ひびき」での発表を目標とするため，企画の段階から自ら考える，積極的に意見を出すなど充実した話し合い活動が見られます。また，限られた時間を有効に使う意識も高まり，話し合う内容をあらかじめ黒板に書いたり，事前に自分の考えを整理したりしてくる姿が見られるようになりました。

(2) 目的・相手意識により育つ礼儀，規律

本校では，集会時に「静かにしてください」という言葉が使われることがありません。参加している児童が，目的や場面の状況を考え，姿勢を正し聞く準備ができるからです。集会活動を通して身に付けた「聞く姿勢」「並び方」は，社会科見学などの校外学習でも生かされています。

このような児童の姿が，網走小学校の雰囲気をつくり，あたりまえの姿として次に入ってくる児童にも受け継がれていくように，全職員で取り組んでいます。

5 補欠授業

1 「ここの学級は補欠の先生が入っているんですよね？」

　学校教育指導で来校された指導主事が，全学級の授業の様子を参観しているときに，管理職が「この学級は〇〇先生が出張中で補欠の授業になっておりますので…。」と説明し，次の教室へ案内しようとしました。しかし，「せっかくの機会ですから。」と，指導主事が教室の中に入り管理職に確認した言葉が「ここの学級は補欠の先生が入っているんですよね？」だったのです。指導主事が目にした授業風景は，本校では当然のように行われている書写の授業でした。黒板にめあてを立て，子どもが活動をして，授業のふり返りがある…そんな補欠授業が本校らしさであり，指導主事の目に留まったのかもしれません。

　「計算ドリルを用意して…。」「漢字ドリルの〇ページを…。」「時間が余ったら読書を…。」等々，多くの学校の補欠授業計画に見られる言葉ではないでしょうか。また，上述の指導主事が想像していた補欠授業もそのような授業だったのではないでしょうか。もちろん本校でも担任が不在の際に，テストやプリントに取り組ませる補欠授業は存在します。学校力向上事業の指定を受ける前から，本校には教育局主催の研修会等の講師として，他校の研修の助言者として，また，各種の研修会等への参加者として，学校を留守にする教員が多くいました。ですから，補欠授業を必要とする頻度がかなり多い学校です。学習進度は？学習の定着は？と子どもの学力向上を考えたときに，本当にそれでよいのかと不安になるかもしれません。しかし，本校にはそれを払拭する環境が整っているのです。

2 教員にとって補欠授業であっても…

　忘れてはいけないのは教員にとって補欠授業であっても，子どもにとっては年間1000時間の内の貴重な1時間です。ですから，補欠授業であっても必ず授業のめあてを立てる。子どもの活動がある。授業のまとめやふり返りがある。本校教員が1時間の授業を大切にする姿勢がそこに表れているのだと

思います。校内で統一されている学習規律と同じように，教員が授業で共通して取り組む授業スタイルが定着しているからだと言えます。これは年間を通じて日常授業の改善を目指して取り組む研修の成果でもあり，全職員の授業に対する共通理解があるからこそだと考えています。

3 「授業を進めておいてください！」が言える環境

　本校では「授業を進めておいてください！」という補欠授業計画が当たり前です。基本的に空き時間のある専科教員が最優先で入りますが，提出された補欠授業計画によって，教務部が適材適所の人員配置を行います。学習内容や状況によっては教頭も率先して補欠授業を引き受けます。また，その教頭の授業を示範授業として，授業参観をする若手教員がいることもあります。道教委が進めるジョブシャドーイング対象の初任者や若年層の教員が補欠授業に入る際には，多くの教員が指導・助言を行い，補欠授業が日常の研修の場になっています。何より大切にしているのは，補欠授業をお願いする担任と補欠を担当する教員が綿密にコミュニケーションを図ることです。補欠授業計画を渡して終わりではなく，授業進度や定着度，めあて，支援の必要な子ども等事前に話合いをするのです。もちろん事後も，到達ページや定着度，まとめの方法，子どもの様子等が担任へ伝えられます。日頃からＴＴや少人数指導で学習に入ることが多い専科からのコメントだけではなく，日常授業を見る管理職の視点からのコメントが補欠を頼んだ担任へ返されるのです。1つの補欠授業が，お互いの児童理解を深めることや指導に対する共通理解を図ることにも生かされているのです。

6 読書環境の整備～学校図書館の改善～

子どもたちが，先生方が，積極的に図書室を活用しているだろうか？この課題に直面した本校では，読書環境を充実させるために，学校全体で次のような取組を進めてきました。

1 学校全体に読書を浸透させよう！

本校は，10分間の朝読書を週に3～4回行っています。「時間になったらすぐに着席」「決めた1冊を何度でもじっくり読む」などのルールを徹底することで，1年生から落ち着いて読書ができるようになりました。また，読んでいる本に愛着をもてるように，一人一人が自分だけの「しおり」を作り，1年間，大切に使用しています。各担任も教室に図書コーナーを作るなど，子どもと本の距離を縮められるように努めています。このような取組によって，朝読書の時間以外にも，休み時間や給食の準備中などに本を読む子どもが増えてきました。

1年生が作成したしおり。裏面に記名。

保護者のかかわりも，子どもの読書環境づくりに大きな役割を果たしています。PTA図書サークルの方々は，月に2回ほど，放課後に本の読み聞かせをしてくれています。また，PTA教育部の方々は，図書修繕を活動内容に取り入れ，破れたり傷ついたりした本の修復に手を貸してくれています。

図書サークルの読みきかせ

2 「全職員の協力体制で！」という意識

多くの子どもが足を運びたくなるように，使い勝手がよく，明るい雰囲気の図書室にしていく必要がありました。しかし，図書室の改善作業には膨大な時間がかかります。図書担当者だけでは時間がいくらあっても足りません。

そこで、全職員で、次のような図書室改善の作業に取り組みました。

①本の除架　②ブックカバーかけ　③ブックスタンド作り
④ポップ作り　⑤ラベルやシールの張り替え　など

　授業日は時間の確保が難しいので、長期休業期間に少しずつ作業を進めました。図書室の環境が改善されていくと、「休み時間に、子どもと一緒に本を借
りにいきました。」「こんな本も置いてほしいです。」といった声が聞こえるようになるなど、先生方の意識も変化してきました。

市立図書館と同様の分類方法で表示

教科書に出てくる本や関連する本

表紙を見せたディスプレイとポップ

低学年向け絵本コーナーの設置

3　これからも続く読書環境の改善

　図書室が居心地のよい空間へと変化することで、休み時間に足を運ぶ子どもが増えました。手に取る本の種類の幅にも広がりが見られるようになりました。環境改善の成果を実感することで、「図書室をよりよくしていこう。」という職員の意識も高まりました。

　本校の図書室改善の取組は、4年前から始まりました。改善の効果と必要性を確認しながら、現在進行形でこつこつと作業を続けています。子どもは多くの本との出会いを通して、人生をより豊かなものにしていきます。それを支えるための読書環境を今よりももっと充実させていきたい、そう思うのです。

7 学習規律～ノート指導～

1 「ノートに書くことの意味」を意識したノート指導

　本校では、「ノートに書くことの意味」を子どもたちが理解する、ということを最も大切にしています。本校が考える「ノートに書くことの意味」は、以下の通りです。

> ・練習のために書く…漢字の書き取り、視写、計算練習　等
> ・記録のために書く…気付いたことやわかったことなどのメモ、板書などの写し　等
> ・思考・表現のために書く…絵、イラスト、数直線、図、吹き出し　等
> ・コミュニケーションのツールとして書く…手紙　等

　これらの「ノートに書くことの意味」を全職員で共通理解を図っています。しかし、教員だけが「ノートに書くことの意味」を理解しているだけでは、確かなノート指導にはつながりません。なぜなら、ノートは子どもたち自身の学びの道具であるからです。子どもたち自身が「ノートに書くことの意味」を理解し、場面や目的に応じた書き方や表現方法を選択し、表現できることが大切だからです。

　ですから、本校では4月にどの学級でも、後述の「ノートのきまり」を子どもたちに伝えるとともに、「ノートに書くことの意味」を子どもたちに語り、ノートを使いこなす子どもたちを育てようとしているのです。

2 一定のきまりをもたせたノート指導

　本校の、ノート指導における一定のきまりを紹介します。一定のきまりを設定した理由は、きまりが子どもたちに浸透することにより学習指導が効率よく進めることができるからです。また、学習における基本的スキルが身に付き、自立的な学びが確立していくからです。さらに、担任が替わるたびに学習規律・ルールが変わり子どもに混乱が生じる、という問題も解消されるからです。

　以上の理由から本校では「7つのきまり」を設定し、ノート指導を進めて

います。

7つのきまり	きまりを設定した理由
①1マス1文字を基本とします。	・整った字形で書く意識を常にもたせるため。
②授業の初めに日付を書きます。	・学習をふり返ることが容易になるため。
③教科書を使用する際には、教科書とリンクさせて書きます。	・予習や復習をしやすくするため。 ・自立的な学びを確立させるため。
④課題とまとめを書きます。その際、◎等をつけて、枠で囲みます。	・子供に目的意識をはっきりさせるため。（課題） ・授業に対する意欲的な態度を起こさせるため。（課題） ・学習内容の定着を図るため。（まとめ）
⑤基本的に直線は定規を使います。	・定規を使う技術を向上させるため。 ・ノートを丁寧に書く習慣を身に付けるため。
⑥「何を記述したか」がわかるように「題」を書きます。	・思考を整理し多様な表現を経験させることにより、思考力・判断力・表現力等を高めるため。
⑦算数の計算問題の方法（特に筆算）は、教科書の方法を基本とします。	・クラス編成、進級に対応するため。 ・指導者が変わっても指導に継続性をもたすため。

3 きまりと自由が溢れる網走小学校のノート

年3回実施している授業アンケートの結果を見ると「話し合ったり、調べたりしてわかったことをノートなどにまとめることができましたか。」という質問に対して「はい」と答えた子どもの割合が、多くの学年で80％を超えました。

本校では、前述した7つのきまりの部分と子どもたちが自分たちの思考を自由に表現する部分を分けながらノート指導をしています。自由に書く部分があるからこそ、子どもたちはより主体的にノートを向き合います。また、自由な部分があるからこそ、思考力・判断力・表現力・コミュニケーション能力が向上すると考えています。

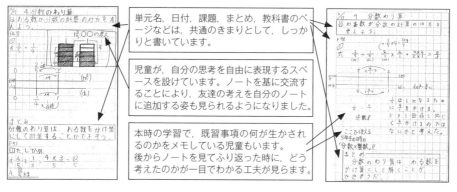

第2章 規律ある日常授業を支える教育活動・校内研修の進め方

8 学習規律～学習用具～

1 なぜ，学習用具を統一するのか

　学習用具の統一は，すでに多くの学校で取り組まれていることでしょう。他の書籍や先進的な取組を進めている学校においても論じられてきていることです。しかし，それでもまだ，学年レベルであったり，担任の裁量に任せていたりという学校も少なくないと思います。本校では，学習用具については，次のように統一しています。

> ○学年ごとノート規格の統一…年度当初は学年で一括購入する。
> ○筆箱の中…鉛筆，消しゴム，直定規，赤鉛筆
> 　　　　　＊シャープペンシルや飾りのついている鉛筆は不可。

　また，平成27年度からは次のものを学年で統一して購入しています。

> ○直定規…1年生　　三角定規…2年生　　コンパス…3年生
> 　分度器…4年生

　なぜ，これらのことを統一するのでしょう。分度器を例にしてみましょう。子どもはいろいろな分度器を持ってきます。大きさの違い，0°の位置の違い。中には，キャラクターがついていたり，透明ではなく全体に色がついていたり。そのため，肝心の線が見えなくて角度を測ることができない…。たったそのことだけで，児童の理解に時間がかかったり，理解が難しくなったりするものです。同じ道具を使うことやノートの規格を揃えることで，全員に同じ指導ができます。

　学習用具を統一すること。その理由の1つには，児童が学習に集中することができるからです。もう1つには，定規類を統一することにより，指導が徹底され，それが児童の学習理解につながるからです。また，担任が替わっても変

わらない指導ができます。子どもたちに混乱がないのです。

2 保護者への周知

　1年生の直定規は，入学準備品の中に入れました。このことは，前年度の2月に行われる「一日入学」での保護者説明会の中で周知しました。また，前年度3月のうちに，ノートのことや学年で統一して購入する定規類については文書で周知します。更には，4月の全校参観日の学校経営説明会でも触れています。説明では，保護者にも「なぜこの決まりが必要なのか」という理由をしっかり示しています。学校全体で統一した指導方針をもっているということを，保護者に説明することにより，理解が得られるものと思います。

3 簡単なことだから難しい…

　本校の新採用2年目の若い教員は，以前こんなことを言っていました。「担任を持つ前は，この程度の学習規律は簡単に徹底できると思っていました。でも，こんなに難しいことはありません…。」と。学習規律や教室等の環境整理，それぞれ1つ1つを見てみると，とても簡単なことです。とても簡単なことなのに，それを徹底することはとても難しいのです。子どもたちはなかなか身に付きません。教師は，常に細かく見て，諦めずに何度も指導する必要があります。

4 スタートが大切

　本校の学習規律には，学習用具の他に，机上の整理や下駄箱には靴を揃えて入れる，雑巾をきれいに掛けるなどがあります。大切なのは，これらの学習規律を最初から徹底するということです。教師側が，「少しずつできればいいや。」とか「まだ，できなくてもいい。そのうちに…。」「まだ，○年生だから。」などと思っていると，いつまでもできるようになりません。どの学年においても，スタートはとても大切です。あとからではなく，最初からです。

学習規律の共通・一貫・徹底・継続

　この言葉を合言葉として，全職員で取り組んで行く必要があるのです。

9 学習規律～授業の始まりと終わり～

1 授業の始まりと終わりには礼をする

　いつのころからでしょうか。全校集会で校長先生が話をした後に，子どもたちから拍手が起こるようになったのは。校長先生は，始まりも終わりも「礼」をしているのにもかかわらず，子どもたちは「拍手」を送っているのです。日常において，拍手をする時はどんなときでしょうか。その場面をふり返ってみると，「拍手」の意味にあるとおり，それは激励や賞賛の時ではないでしょうか。そうすると，全校集会での校長先生の言葉に対し「拍手をする」がいかに不自然であるかが分かります。

　卒業式の時期になると，各学年や全校で練習が始まります。その練習内容の中には，「礼」があります。その時だけ，礼の練習をするのです。式の中では，校長先生からの式辞があり，それに対しては「礼」をします。そのために練習をするのです。なぜ，練習をする必要があるのでしょうか。それは普段「していないから」です。日常の全校集会での校長先生の話には「拍手」をしているのに，儀式のときには「礼」をするのです。

　児童のこれからの人生において，上記のような場面のときには「礼」であるはずです。校長先生は，児童に対して「礼」をしているのです。それには「拍手」ではなく「礼」で返すべきであると考えます。

2 日常の中で

　礼には礼を返す。これが，自然とできるような子どもになってほしい。そのためには，日常から取り組む必要があります。そこで，学習規律の中に次のことを加えました。

> ○授業の始まりと終わりは，しっかりあいさつをする。
> 　「気を付け～はじめます」→礼　　　「気を付け～終わります」→礼

　授業の始まりと終わり，教師と子どもが向かい合って，しっかりとあいさつをする。その理由は，上述のこと以外にも，もちろん授業に集中させることやけじめの面で必要なことであることは，ここで論じるまでもないことで

す。授業のあいさつについては、様々な考え方もあります。しかし本校では、これまでの理由からどの学年であっても徹底して取り組むこととしました。学校全体として取り組むことや、スタートが大切であることは、前項の学習用具編でも述べたとおりです。そして、簡単なことなのに、徹底すること、子どもたちが身に付けることは難しいのです。

3 子どもたちの姿

今、本校ではどの時間でもどの学級にいっても、「あいさつの言葉」その後「礼」がされています。全校集会では、「おはようございます！」の元気なあいさつの後に、自然と礼をする子どもの姿があります。校長先生の話の後の拍手はなくなりました。どんな場

面でも、礼には礼を返すことができるように…。シンプルなことではありますが、今後も共通・一貫・徹底・継続した取組が必要なのです。

隠れたカリキュラムとは？

「隠れたカリキュラム」「ヒドゥン・カリキュラム」という言葉はご存じでしょうか？ 学校のフォーマルなカリキュラムの中にはない知識や行動の様式、意識等が、意図しないままに教師や仲間の児童生徒から教えられていく、というものです。

本校が学習規律を徹底しているのは、この「隠れたカリキュラム」の影響の大きさを知っているからです。例えば、靴箱に靴が乱れて入っているのを見逃し続けていると、子どもたちに「靴箱には、靴を揃えて入れる必要はない。」ことを教えることになります。例えば、机の横のフックに決められた物以外の物を掛けているのを見逃し続けていると、「机の横のフックには、何を掛けてもよい。」と教えることになります。

私たち教師は、子どもたちに「教えていること」以外にも「教えている」ことを自覚しなければなりません。それは、ほんの小さなことに潜んでいるのです。私たちは、学習規律の徹底を通して、「隠れたカリキュラム」を「見えるカリキュラム」にしていこうとしているのです。

10 校内研修の進め方〜指導案検討〜

1 指導案検討で意識するべきことって何？

本校では，指導案検討で以下のことを意識して取り組むようにしています。

・子どもたちに身に付けさせる力は何か
・身に付けさせる力に合った単元，授業構成になっているか

まずは，授業者が「子どもたちに身に付けさせる力」及び「身に付けさせる力に合った単元，授業構成」を語ることが前提条件になります。そのために大切なことは指導案の「単元の構想」部分を丁寧に仕上げることです。身に付けさせる力と「子どもたちの実態」，「学習指導要領の記述」，「教材」，「言語活動の設定」の関係がどのようになっている

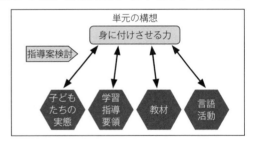

のかを明確にするためです。ですから，本校では「単元の構想」を軸にして，上記の２点を指導案検討で意識しています。

この２点を大切にする背景として，本校の授業研究が特定の教科等に焦点を当てた内容ではないことが挙げられます。特定の教科に焦点を当てて専門的な内容や指導法を掘り下げるのではなく，どの教科にも通じる「子どもたちに身に付けさせる力」をベースにして考えていくことが特徴といえます。

2 指導案検討の効果って何？

実際に授業を公開するのは１時間ですが，検討を行うのは本時を含めた「単元の構想」全体です。ここに「指導案検討の効果」の答えがあります。１時間の授業のみを子どもたちにとって「よい授業」にするのではありません。年間1000時間の授業を子どもたちにとって「よい授業」にしていくことが私たち教師の使命です。だからこそ，指導案検討は少なくとも「単元の構想」全体に焦点を当てて，よりよい単元計画をしていくことが大切です。こ

ういった指導案検討を積み重ねていくことが日常レベルでの授業改善につながり，子どもたちに力を身に付けさせることになるのです。

また，指導案検討が子どもたちに「何をどのように学ばせるか」を検討する時間だとしたら，その後の授業は子どもたちに「どのように学ばれたか」を見取る時間といえます。そこで大切になるのが評価規準の押さえです。本校では特に以下のことを意識して指導案に評価規準を位置付けています。

> ・授業のどの場面で見るのか
> ・何を見るのか（本時の目標を子どもの具体的な姿で押さえる）
> ・どのように見るのか（子どもの発言，記述等）

評価規準を明確にしておくからこそ，授業で「どのように学ばれたか」を共通の認識で見取ることが可能になります。このこともまた，授業後の検討を充実させ，その後の授業で子どもたちに力を身に付けさせることにつながっていくのです。

3 指導案検討から始まるフォーマル・インフォーマルなかかわり

では，研修の時間に指導案検討を行えば誰もが子どもたちにとって「よい授業」を展開できるのでしょうか。決してそんなことはないはずです。指導案検討後も多くの教師は個人的に指導案と向き合い，授業計画を行うのが一般的でしょう。それが，若手教師ならなおさらです。本校の職員室には，授業計画で悩んだ時に教師同士が相談できる風土があります。別の表現をするとしたら，研修の時間の指導案検討が「フォーマルなかかわり」であり，職員室で身近な教師同士が語り合う場が「インフォーマルなかかわり」ということができます。特に若手教師が指導計画するときには，いわゆるミドルリーダーやベテランと位置付けられる教師との「インフォーマルなかかわり」が頻繁に行われます。このかかわりが下支えとなって若手教師の授業力向上はもちろんのこと，子どもたちの学力向上にもつながっています。

全ての学級の子どもたちに目を向けて力を付けていこうという一人一人の思いが，教師同士の積極的なかかわりを生んでいるのです。

11 校内研修の進め方～ワークショップ～

1 ワークショップ方式を取り入れた校内研修とは

「ワークショップ型校内研修」とは、小グループで、あるテーマに対して、模造紙を囲みながら、付箋紙に自分の考えやアイディアを表出していき、グルーピングしながら合意形成を図っていく手法です。「ワークショップ型研修」の優れている点は、

従来の「提案―拝聴型校内研修」に比べて、一人一人が意見を出し合いやすいという点と、付箋紙に書かれた自分の意見が必ず模造紙のどこかに位置付くので、「自分が校内研修に確かにコミットしている」「自分の考えが尊重されている」ということが見える化され、実感を得やすいという点です。

本校でも「ワークショップ型研修」に取り組んでいます。その際、次の2点に留意して取り組むようにしています。

・「一人の百歩より、百人の一歩」を大切にした校内研修の実現
・拡散型のワークショップではなく、収束型につながるプログラム構成

2 「一人の百歩より、百人の一歩」を大切にした校内研修の実現

現在、若手教員が全国的に増え、初任者指導のあり方が問われるようになりました。そんな時代に必要になるのは、「背中を見て覚えろ」「技を盗め」といったある意味での徒弟制度的な若手教師育成ではなく、ベテラン・中堅

と若手の、コミュニケーションを核とした丁寧な共通理解下での実践です。わかりやすい言葉でいうと「学校のチーム化を図る」となるでしょう。そんな時代の要請がある中で、従来通りの「提案―拝聴型校内研修」が機能するとは思えませ

ん。「ワークショップ型校内研修」を行うことで，文字通り「一人の百歩より，百人の一歩」を大切にした校内研修を毎回行うことができます。教師自身の意識も変わっていきます。そんなことから，本校では「ワークショップ型校内研修」を取り入れています。

3 拡散型のワークショップではなく，収束につながるプログラム構成

「ワークショップ型校内研修」の課題は，出された意見やアイディアが出しっぱなしになり，「たくさんアイディアが出ましたね。」「なるほどね。」に止まってしまうことです。やはり収束につなげ，「ワークショップ型校内研修」が終わった後，こういう方向に進んでいこう，という道筋が見えるべきです。そのために，本校では，ワークショップを行い，全グループが発表した後，必ず研修部が引き取り，「今日のワークショップではこのようなことが明らかになり，またこんなことがまだ明らかになっていません。今度はこれらのことを行うことにより，課題を追究する活動に取り組んでいきましょう。」というような総括を行うようにしています。それにより，ワークショップ後の校内研修の方向性が明確になっていくのです。

しかし，ワークショップで出た意見等を踏まえ，方向性を見出していく総括を行うことは簡単なことではありません。いつも私は頭をフル回転させています。また，「ワークショップ型校内研修」を行う前に，事前に研修部でも同じテーマで模擬ワークショップを行うことにしています。それによって，どんな意見が出そうか，どんな総括を行えばよいか，が見えてきます。授業づくりと，とても似ているのです。

実は「ワークショップ型校内研修」を十分に機能させるためには，授業づくりのような周到な，そして緻密な準備が必要なのです。それは従来の「提案―拝聴型校内研修」の比ではありません。しかし，準備がいかに大変だとしても，職員間のコミュニケーションを図り丁寧な共通理解につなげていくために，「百人の一歩」を体現するために，本校ではワークショップの手法を取り入れ，研修活動を推進しているのです。

コラム　活動量を確保する授業の原則
　　　　　・No Line　・No Lecture　・No Laps

　私は体育専科として働いていますが，放課後や週末には小学生にサッカー指導を行っています。その指導法の中に体育だけではなく，他教科の授業にも生かせるヒントがあります。それは，「活動量を確保」するために活用していく下の「3つのNo（ノー）」です。

① No Line（順番待ちの長い列をつくって並ばない）
② No Lecture（長々と説明しない，まずはやってみよう）
③ No Laps（可能な限り素走りを減らし主運動と関連させる）

　①は，活動よりも順番待ちの時間の方が長くなっていないかという視点です。本時のめあてを達成するための活動量の確保ですから，苦手な子どもほど課題克服の時間が必要です。安全面を考慮しながら，子どもが待っている状況をつくらないように授業計画や場の設定，用具の準備・工夫を行います。

　②は，子どもが活動を楽しみにしているのに，教師がやり方やルールの説明を長々と話していないかという視点です。教師のおしゃべり型授業にならないように，指導言の精選に気を付けています。「まずはやってみよう！」と活動してから，指導ポイントを付け加えた方が，子どもの意欲を生かしながら取り組めることが多いです。

　③は，主運動を終えた後にただ走って列に戻るだけでなく，主運動に関連させた運動ができないかという視点です。跳び箱運動であれば列に戻る時に跳び箱の助走ステップを練習したり，ボール運動であればボールを扱いながら移動したりするなど，活動量を確保するためのひと工夫をしています。

　活動量を確保するための「3つのNo（ノー）」の視点は，サッカーの指導法の枠を越えて，学校の各教科で必要とされる「授業の原則」と言えるのではないでしょうか。そして，学校以外の様々な活動に授業で使えるヒントが隠されているものです。「これは授業で使えるかも！」というアンテナを常に張っておきましょう。

（安田）

コラム　お互い気持ちよくサポートする教職員の共通意識

　学校力向上に関する総合実践事業の指定を受けてから，各種研修会等で本校の実践を発表させていただく機会が増えています。

　成果を上げている学校が取組を紹介するとき，必ず「当たり前のことを当たり前に」という枕詞が付きます。しかし，「当たり前」のとらえ方は様々ですから，「大切なことですね。」と共感する方もいれば，「まだそんなことができていなかったのですか。」と失笑する方がいるかもしれません。ですから，「当たり前のこと」という言葉よりも「地味でシンプルなこと」という言葉で本校の取組を説明するようにしています。そして，成果を示した後には，その基盤となる教職員の姿と，培われてきた教員文化を紹介しています。

　本校の職員室では，「お手すきでしたら手伝いをお願いします。」と声が掛かると，その場にいる全員が腰を上げます。資料等の丁合作業をしていると，それに気付いた人がさらに加わり，あっという間に作業が終わります。事務職員は，「うちの先生方は書類の提出が早い。」と話します。「締切日＝提出日ではない」「気持ちよく仕事をしてもらう」という意識があるからです。

□全員が同じ様式の名刺を持っている。正しい渡し方を知っている。
□来客に丁寧に対応している。気が付いた人が接待に腰を上げる。
□「お手すきの先生」との声かけに腰を上げる。みんなが動く。
□身だしなみに気を付けている。T（時）P（場所）O（場合）に応じた服装をしている。
□提出物を早めに出す。締切日＝提出日ではない。

　異動してきた教員が，「『こんなことは社会人として当たり前』と思っていても，実践できない自分がいましたが，網走小では本当に当たり前のようにやっていて，見習わなければならないと思いました。」と話していました。

　当たり前の範を示してくれる先輩教員の存在と，当たり前の雰囲気を醸し出す職員室の風土が，個々の意識を高めているのです。

（大西）

第3章　日常授業で主体的に学ぶ力を付ける学年・教科別学習指導案集−

1 国語科学習指導案（1年）

1　単元名「むかしのおはなしをたのしむ」（中心教材『天にのぼったおけやさん』）
2　単元の構想

　入学して半年以上が過ぎ，学習発表会などの大きな行事も経験し，子どもたちは自信をもって学校生活を送れるようになってきた。国語の学習では，ひらがな，カタカナの学習が終了し，漢字の学習も始まった。文を書く時も，不十分ながら自分の言葉で文を書けるようになってきた。音読に関しては拾い読みから，単語読み，文節を考えながら読めるようになってきている。家庭学習や国語の時間にも音読をできるだけ多く取り入れているので，習慣化している。しかし，内容が伝わるように工夫して音読できる児童は多くはない。学習発表会では，自分のセリフをいかにお客さんに伝えるか考えるようになり，声の速さや大きさを変えて話す必要があることを初めて知った児童が多かった。自分の発表に関しては，手を挙げる児童は多いが，初回の感想など，自分の考えを発表するような場面では，決まった児童の発表になりがちである。聞くということに関しては，まだ十分とは言えない児童が数名いる。毎日の朝読書の時間では，進んで本を読む児童が多い。しかし，中には読むといっても，言葉をしっかり読まずに絵だけを楽しんでいる児童や，自分の好きなジャンル（昆虫，動物の本等）しか手にとらない様子も見られる。

　本単元の中心教材『天にのぼったおけやさん』は，「むかし　むかし」で始まる昔話である。主人公であるのんびりやの「おけやさん」が「たが」にはじきとばされて「かさや」に行き，今度は「つむじかぜ」に吹き上げられて「天」まで昇って「かみなりさん」に出会い，最後には，雲の切れ間から落ちて寺の木にひっかかるという展開のはっきりした構成で児童たちにとって読みやすい作品である。また，「おけやさん」になったつもりで楽しんで読み進めることができる作品でもある。

小学校学習指導要領　国語科　第1学年及び第2学年「C読むこと」の目標は，次のように書かれている。

> 書かれている事柄の順序や場面の様子に気づいたり，想像を広げたりしながら読む能力を身に付けさせるとともに，楽しんで読書しようとする態度を育てる。

　この目標に基づき，本単元では特に，「語のまとまりや言葉の響きに気を付けて音読する力，好きな昔話を選び，紹介し合う力」を児童に身に付けさせたい。

　子どもたちに，上記の力を身に付けさせるために，「昔話を音読で紹介しよう」という言語活動を選択する。本単元を一次・二次・三次で構成していく。

　一次では市立図書館から，1年生が楽しんで読める日本の昔話を借り，「昔話の広場」を作って，児童が自分の興味のある昔話を自由に読んでいく。また，昔話の紙芝居の読み聞かせも行い昔話に興味をもたせるようにしたい。読んだ後は「読書カード」を使って記録が残るようにしていきたい。そして，「2年生に昔話を音読で紹介したり，自分のお気に入りの昔話を友だちに紹介し合ったりしよう。」という学習のゴールを設定していきたい。

　二次では，2年生に紹介するために，まずは『天にのぼったおけやさん』で主人公の「おけや」がなぜ面白いのか考えていきたい。そして面白いところが伝わるような音読の工夫について学習させていきたい。二次の最後には，2年生に『天にのぼったおけやさん』の面白さが伝わるような音読を行う。同時に2年生からは，2年生の選んだ昔話の紹介をしてもらう。

　三次では，二次で学習した音読の工夫や2年生の紹介を思い出しながら，自分が今まで読んだ昔話の音読カードを参考に好きな昔話を選び，今度は友だち同士で昔話の好きな場面を音読で紹介し合う。このような活動を通して，昔話を読んだり，音読したりする楽しさを実感させていきたい。

3　単元の目標

国語への関心・意欲・態度	読むこと	伝統的な言語文化と国語の特質に関する事項
◇昔話に興味・関心をもち，楽しみながら，進んで読んだり，音読したりしようとしている。	◇語のまとまりや言葉の響きなどに気を付けて音読することができる。 ◇登場人物の様子や場面を想像しながら音読することができる。	◇昔話や神話・伝承などの本や文章の読み聞かせを聞いたり，発表し合ったりすることができる。

4　指導計画（全9時間／本時5時間目）

	時間	主な学習活動
一次	1	2年生に『天にのぼったおけやさん』の面白さを紹介しようとする意欲をもつために，範読を基に，人に読み聞かせる音読の工夫があることに気付く。そして，2年生には，語のまとまりや，言葉の響きに気を付けて音読することで面白さを紹介できることをみんなで確認する。　　【関・意・態】【伝国】
二次	2	『天にのぼったおけやさん』の面白さを音読で紹介するために，登場人物を確認し，主人公の「おけやさん」の面白さについて考える。　　【読むこと】
二次	3	『天にのぼったおけやさん』の面白さを音読で紹介するために，「おけやさん」の行動に注目しながら，場所の変化，「おけやさん」の仕事の変化について考える。【読むこと】
二次	4～6本時	『天にのぼったおけやさん』の面白さを音読で紹介するために，場面の様子が想像できる言葉や会話文の音読の工夫を考える。　　【読むこと】
二次	7	昔話の面白さを紹介し合うことができるように，昔話発表会を開き，2年生の「お気に入りの昔話」の紹介を聞いたり，『天にのぼったおけやさん』の音読をして2年生に紹介したりする。　　【関・意・態】【伝国】
三次	8	昔話の面白さを1年生同士で紹介し合うことができるように，自分の好きな昔話を選び，面白い場面の音読の工夫を考える。　　【関・意・態】【読むこと】
三次	9	昔話の面白さをさらに実感するために，1年生同士で昔話発表会を行う。　　【関・意・態】【伝国】

※昔話の本を朝読書の時間に並行読書をしていく

5　本単元で扱う学習用語と既習事項

学習用語	既習事項
・昔話　・読み聞かせ　・聞いてる人に伝わる音読 ・声の速さ，強さ，高さ　・会話文 ・様子を表す言葉	・場面　・登場人物　・あらすじ　・繰り返し ・強調

6　本時の目標

　おけやや，かみなりさまの会話文から，場面の様子や人物像が想像できる音読の工夫を考え，語のまとまりに気を付けて音読することができる。

【読むこと】

7　本時の展開（5／9）

過程	教師の働きかけ	児童の活動	評価規準及び留意事項
出会う	○前時までの学習内容を想起させる。 ○本時の課題を確認させる。	○前時の学習を思い出しながら、一の場面と二の場面をみんなで音読する。	
	おんどくをくふうして、おけやさんのおもしろさをつたえよう。～その2		
	○音読のポイントを確認させる。	○音読のポイントを確認する。	○「～その2」にして、期待を持たせる。 ○音読の工夫として、声の速さや、強弱があることを意識させる。
かかわる	○おけやの会話文の中で、音読の工夫ができそうなものを探させる。 ○おけやの会話文の中から、どのように音読したらよいか考えながら、音読練習をする。 ○おけやの会話文の音読ポイントを全体で交流する。	かかわりの手立て ・初めに全体で、おけやの会話文の中で音読の工夫ができそうなものを確認する。そうすることによって、全体交流の時に全員が交流に参加できると考える。 ・全体交流で確認した会話文の音読練習をしたり、隣に音読のポイントを説明したりする活動を取り入れ音読練習の機会を増やしていきたい。 ・かみなりさまについては、会話文の内容やかみなりさまという人物像から、どのような声で音読したらよいか、色々な声パターンで読み比べていき、どのような声の調子がよく伝わるのか、声を出して楽しみながら実感させたい。 その後、ノートにかみなりさまの声の様子はどのようにしたらよいのか、自分なりの言葉を考えて、ノートにまとめていきたい。	
	○かみなりさまの会話文は、どのような声の高さ、強さ、速さで音読したらよいか全体で交流する。	○おけやや、かみなりさまの会話文の音読の工夫を発表したり、実際に音読したりする。	場面の様子や人物像を想像して、おけややかみなりさまの会話文を音読することができる。（音読）
見つめる	かいわ文をくふうしておんどくすると、ますますおけやさんのおもしろさがつたわるね		
	○前時と本時で音読の工夫ができた場面を音読させる。 ○次回の授業の確認をする。	○前時と本時で学習した音読の工夫を活用して、実際にみんなで3の場面を音読する。 ○2年生への発表会へ向けての見通しをもつ。	○様子を表す言葉、繰り返しの言葉、会話文の音読を工夫することによって、場面の様子が伝わることを実感させる。 ○次回は、役割を決めて今までのことを生かして音読練習をすることを伝える。

8 板書計画

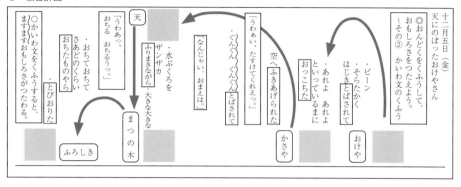

授業の解説

 大切な授業技術の1つに、板書があります。本校でも板書を大切にして授業づくりや実際の授業を行っています。
 板書の役割を、田山修三先生（北海道教育大学岩見沢校特任教授）は次のようにまとめられています。

1．伝えるはたらき
　・日時、単元名など　・学習の目標　・学習のめあて　・作品例　・友達の考え
2．支えるはたらき
　・友達同士の考えの交流　・追究の道筋　・キーワードやイラストで図解　・追究の足跡
3．整理・確認のはたらき
　・資料、作品を提示する　・文字による指示・発問　・学習のまとめ

（田山修三著　『若い教師を育てる図解式板書術』小学館）

　本時の授業は、文章の面白さ、特に『天にのぼったおけやさん』の特徴である会話文の面白さをとらえて音読を工夫することがねらいです。会話文の面白さは、会話文だけを読むのではなく、場面の様子、登場人物の状況などをあわせて読んでいく必要があります。その追究を支えるために、授業者は板書に、物語の全体構造を図解で表したのです。図解で表しているので、子ども達も「この場面は、こんな様子だから、こう読もう。」「こんな状況だから、こんな気持ちだったんじゃないかな。だから、こう読もう。」という自分なりの考え、解釈にたどり着くことができました。
　また、本単元で大切にしたのは、学習用語です。「会話文」「声の速さ、強さ、高さ」「昔話」など、国語で繰り返し扱う用語をしっかり教え、子ども達自身が活用できるようにしてきました。このように学習用語を定着させていくことで、各学年を通した系統的な学習が可能になっていくのです。
　　　　　　　　　　　　　　　　　　　　　　　　　　　　　　　　　　　　　（渋谷）

2 算数科学習指導案（1年）

1 単元名「ひきざん」
2 単元の構想

これまでに児童は，「のこりはいくつ」「どれだけおおい」で，本単元の基礎となる減法の意味や，1位数－1位数，十何－1位数の計算の仕方を学習してきた。そして，前単元の「たしざん」では，1位数＋1位数で，繰り上がりのある加法の計算について学習した。

本学級の児童は，「10よりおおきなかず」や，その他の単元の活動を通して，数を数えたり何かを並べたりする際には，「10のまとまり」ごとに線で囲んだり，並べたりすると便利だという意識が育っている。前単元の「たしざん」でも，ブロックや図，指などを使い，繰り上がりのある計算では，「10のまとまり」をつくると速く正確に計算できることに気付くことができた。

本単元では，十何－1位数の減法で，繰り下がりのある場合を扱うこととなる。減加法や減々法を用いて減数を取り去り，残りの数を求める方法を学習する際には，繰り上がりのある加法と同様に，「10のまとまり」を意識して考えていくことが重要である。

小学校学習指導要領 算数科 第1学年の内容Aには，次のように書かれている。

（2）加法及び減法の意味について理解し，それらを用いることができるようにする。
 ア 加法及び減法が用いられる場合について知ること。
 イ 1位数と1位数との加法及びその逆の減法の計算の仕方を考え，それらの計算が確実にできること。

上記の内容に基づき，本単元では「十何－1位数の繰り下がりのある減法計算の方法を理解し，確実に計算することができる力」を，児童に身に付けさせたい。

上記の力を身に付けさせるためには，繰り下がりのある減法計算における数の分解・合成について，明確なイメージをもつことが必要である。

具体的な展開として，1・2時間目には，問題づくりを行ったり，計算の仕方を考えたりする。個人思考の場面では，ブロックを操作したり，図を書いたりすることにより，学級の中で多様な方法が生まれるだろう。それぞれの考えを認め，広く交流を行いたい。その後，考え方の共通点やよさについてまとめていく際には，「より速く，正確に計算できる方法はどれか」という視点を与えることで，「10のまとまり」を活用した考え方に目を向けさせていく。

「速く，正確に」という目的意識をもった上で，3・4時間目には，より効率的な考え方である減加法について学習していく。繰り下がりの減法は，加法に比べて，苦手意識をもつ児童が多いと考えられる。さくらんぼ算を書いて計算の仕組みを説明したり，ブロックの操作を言葉で説明したりする活動を取り入れることで，数の動きのイメージをもたせ，確実に計算できるようにする。

単元の後半は，習熟度別の小集団による指導を取り入れ，繰り返し計算問題を行ったり，文章問題や応用問題を解いたりする。本単元の内容は，その後に学ぶ減法計算の基礎となる重要な内容であるため，十分な理解と習熟を図りたい。

3 単元の目標

関心・意欲・態度	数学的な考え方	技能	知識・理解
◇十何－1位数で繰り下がりのある減法計算の解き方を，工夫して考えようとしている。	◇10のまとまりに着目し，ブロックや図を用いることで，十何－1位数で繰り下がりのある減法計算の解き方を考えることができる。	◇十何－1位数で繰り下がりのある減法計算が，確実にできる。	◇十何－1位数で繰り下がりのある減法の解き方を，理解している。

4 指導計画（全9時間／本時2時間目）

時間	主な学習活動
1	減法の特性をとらえるために，「ひきざんことば（へる，ちがい，のこり等）」を使って，教科書の絵からお話づくりや立式を行う。【関心・意欲・態度】
2 本時	十何－1位数の繰り下がりのある減法計算の方法を理解するために，前時で作成した問題を使い，ブロックを操作したり，図をかいたりしながら計算の方法を考え，説明する活動を行う。【関心・意欲・態度】【数学的な考え方】
3	十何－1位数の繰り下がりのある減法計算の方法を理解するために，ブロックを操作したり，図を書いたりする活動を通して，減加法について学習する。【数学的な考え方】【知識・理解】
4	十何－1位数の繰り下がりのある減法計算の方法を理解するために，ブロックや図で考えていたことを，さくらんぼ算に置き換える。【数学的な考え方】【知識・理解】
5	十何－1位数の繰り下がりのある減法を確実に計算することができるように，減加法と減減法の二つの解き方を比較して，自分にとって解きやすい方法を見つける。【数学的な考え方】【技能】
6	十何－1位数の繰り下がりのある減法計算の方法を理解し，確実に計算することができるように，問題づくりを行ったり，文章問題を解いたりする。【技能】
7・8	十何－1位数の繰り下がりのある減法を確実に計算することができるように，ひきざんカードの作成及び，カードを仲間分けしたり，問題を出し合ったりする活動を行う。【技能】
9	十何－1位数の繰り下がりのある減法を確実に計算することができるように，様々な練習問題を解き，定着を図る。【技能】

5 本単元で扱う学習用語と既習事項

学習用語	既習事項
・くりさがり　・10のまとまり	・くりあがり　・ず（丸を使う）　・さくらんぼ ・たんい　・ひきざんことば(へる,ちがい,のこり) ・しき　・こたえ　・ブロック

6 本時の目標

　ブロックや図などを用いて12－9の解を求める活動を通して，「10のまとまりを使って考える方法」のよさに気付くことができる。【数学的な考え方】

7 本時の展開（2／9）

過程	教師の働きかけ	児童の活動	評価規準および留意事項
出会う	○百玉そろばんやフラッシュカードを用いて，既習事項の確認をさせる。 ○5－2，12－2，12－9の3つの減法を提示し，それぞれ計算の仕方を考えさせる。	○「10のまとまり」と「ばら」の考え方や，10の分解・合成について復習する。 ○3つの減法を比較し，「ばら」から引けない減法があることを確認する。	○繰り下がりのある減法を解く上で重要な，「10のまとまり」の感覚をつかませる。カードは，後に考える手がかりとなるように，ホワイトボードに掲示しておく。
	12－9の，こたえの　もとめかたを　かんがえよう。		
かかわる	○計算の仕方を考える手段を選べるようにする。 ○操作活動や図にかくことを促す。 ○児童の考えをまとめていく。その中で，「速く，正確に計算できる方法」に目を向けさせていく。	○計算の仕方を考える手段を選び，活動に見通しをもつ。 ○選んだ方法を使って，答えを導き出す。 ○ペアや全体で交流する。	○前単元「たしざん」での活動を想起させる。 かかわりの手立て 交流の場面では， ①「ブロックや丸をどう並べているか」「減数をどう取り去っているか」に注目させる。 ②「速く，正確に計算できる方法は無いか」という視点を与える。 ことで，「10のまとまり」に目を向けさせる。
	「1つずつ数えるより，10のまとまりを使って引くと速いね。」 「10のまとまりを使って，わかりやすく引くことができたよ。」		
見つめる	○「速く，正確に計算できる方法」を選ばせて，問題を解かせる。 ○次時への見通しをもたせる。	○「速く，正確に計算できる方法」を選択して，確かめ問題を解く。 ○「10のまとまり」を使い，計算する見通しをもつ。	10のまとまりを使った方法で，答えを求めることができる。 （確かめ問題）

70

8 板書計画

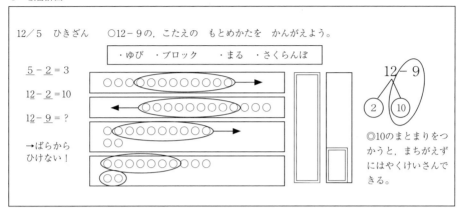

授業の解説

　左は、本指導案が実際に行われた授業風景の写真です。
　授業者は、当時新卒4年目の教諭でした。笑顔で授業を進めているのがわかります。子どもたちもきっとこの笑顔で、安心して、楽しく学ぶことができたことでしょう。
　野中信行先生は、笑顔で授業をすることの重要性を説かれています。指導案からは見えない、このような授業行為はとっても大切なのです。
　さて、本時は、5－2、12－2の計算を基にして、12－9の繰り下がりのある計算に初めて出会い、解き方を考えていくことがねらいでした。授業者は、ブロックの活用やさくらんぼ計算の活用など、既習事項を想起させながら、計算方法を考えさせていきました。子どもたちは生き生きと、自分の得意な方法、自分の考えやすい方法で考えていきました。
　そこで、「速く、正確に計算できる方法はどれかな?」と発問することにより、10のまとまりを使って計算する方法に着目させていきました。

　その後、10のまとまりを使った計算を行って、習熟させることで、「10のまとまりを使うよさ」を実感することができました。
　子どもたちは、そして大人である私たちも、課題を解決していく際には、今までの既有知識を基にして考えていきます。授業の際には、本授業でも行ったように、子どもたちがもっている既習事項を十分に活用させ、「自分は考えるための宝物をもっているのだ!」ということを日々の授業で実感させていきたいものです。

(渋谷)

3 算数科学習指導案（2年）

1 単元名「1を分けて」
2 単元の構想

2学年の「A 数と計算」では，整数について学習してきた。「100より大きい数」では，10や100などのまとまりを作って数える学習をした。「かけ算」でも同じ数のまとまりがいくつかで式に表すことができた。実際にまとまりを作る算数的活動を行いながら学習することで，「同じ量」という感覚を養ってきた。また，「かけ算」では，もとの大きさの2つ分が2倍，3つ分が3倍であるという，倍概念の基礎を理解した。「C 図形」の「三角形と四角形」では，折り紙を折って切るなどの算数的活動を行いながら，正方形や長方形，直角三角形ができることを学んだ。そこで，半分に折って切った2つの長方形や直角三角形が，同じ大きさであることを学習した。このように，実際に作業を伴った活動を行うことで，数や形について，実感的に理解することができるようになった。子どもたちは，自分の考えを言葉や，図で説明することができるようになってきている。しかし，数名の児童は，既習事項と結び付けて考えることについては苦手としている。子どもたちが，自ら学んだ知識を生かして，課題を解決しようとする力を付けていくことが大事だと考えている。

本単元は，子どもたちにとって初めての分数の学習である。3学年以降に学ぶ分数について理解するための基盤となる学習である。ここで扱う分数は，具体物の操作によって作ることができる分数である。なかでも分子が1の単位分数である。3学年以降の分数指導で，単位分数のいくつ分という単位の考えがよりよく理解できるように，「○等分した1つ分の大きさ」という見方をしっかりと意識付ける必要がある。

小学校学習指導要領　算数科　第2学年　「A 数と計算」の内容には，次のように書かれている。

（1）数の意味や表し方について理解し，数を用いる能力を伸ばす。

オ　$\frac{1}{2}$, $\frac{1}{4}$ など簡単な分数について知ること。

この内容に基づき，本単元では，<u>「半分」や「○等分」を分数で表現することができる力</u>を，紙を切るなど具体物を操作したり，「○等分したうちの1つ分」という言葉で説明したりすることによって，身に付けさせたい。

そのためには，紙を折ったり切ったり，色をぬるなどの作業的・体験的活動を通じて$\frac{1}{2}$, $\frac{1}{4}$などの大きさを理解する単元構成が必要であると考える。子どもたちは，日常生活で食べ物を分ける経験をしている。それを足がかりにして，「半分」や「等分する」ことの意味をしっかりと押さえ，それが分数で表されることを理解させていきたい。また，実際に作業を行いながら問題を解いていく際に，これまで学習してきたことを振り返り，それと結び付けながら考えさせていきたい。分数についての理解を深めることで，日常生活の場面で，「○等分」という言葉を使ったり，分数で表したりできるようにしていきたい。

3　単元の目標

算数への関心・意欲・態度	数学的な考え方	技能	知識・理解
◇折り紙などの具体物を等分する活動に取り組み，その大きさを表そうとしている。	◇半分を$\frac{1}{2}$，半分の半分を$\frac{1}{4}$と表したことを基に，さらに半分にした大きさについて考えることができる。	◇具体物の$\frac{1}{2}$，$\frac{1}{4}$などの大きさを作ることができる。	◇$\frac{1}{2}$，$\frac{1}{4}$などの簡単な分数について理解することができる。

4　指導計画（全5時間／本時3時間目）

時間	主な学習活動
1・2	$\frac{1}{2}$の分数の意味を理解することができるように，折り紙や紙テープなどの具体物を手がかりにして，半分に折ったり切ったりする活動を行う。　　　　　　　　　　　　　　　　　　　　　　　　　　【技能】【知識・理解】
3 本時	$\frac{1}{4}$の分数の意味を理解することができるように，折り紙などの具体物や前時で学習した「等分する」ことの意味を手がかりにして，4等分する活動を行い，$\frac{1}{4}$の大きさを確認する。　　　　　　　　　　　　　　　　　　　　　　　　　　　　　　　　　　　　　　【技能】【知識・理解】
4	分数の意味を理解することができるように，1を8等分したり，どこが$\frac{1}{8}$かを示したりする活動や，1つのものをいくつかに等分したものは，どこをとっても同じ分数で表されることを理解する。　　【技能】【知識・理解】
5	分数の大きさについて自ら考えることができるように，さまざまな問題を通して，分数の大きさを表す活動を行う。　　【数学的な考え方】

5　本単元で扱う学習用語と既習事項

学習用語	既習事項
・分数　・等分　・$\frac{1}{2}$（2分の1）　・$\frac{1}{4}$（4分の1）　・$\frac{1}{8}$（8分の1）	・同じ大きさ　・半分

6　本時の目標

　折り紙などの具体物や前時で学習した「等分する」ことの意味を手がかりにして，4等分する活動を行うことで，$\frac{1}{4}$の分数の意味を理解することができる。

【知識・理解】

7 本時の展開（3／5）

過程	教師の働きかけ	児童の活動	評価規準及び留意事項
出会う	○前時の確認 ○学習課題の提示	○「$\frac{1}{2}$」や「２等分」の意味について確認する。	○前時を確認することで，$\frac{1}{4}$を見付ける手掛かりにさせる。

$\frac{1}{4}$を見付けよう。

過程	教師の働きかけ	児童の活動	評価規準及び留意事項
かかわる	○具体物を用いて，４等分について実感させる。 ○全体の場で交流する。	○折り紙を用いて，４等分の仕方を考える。 ○$\frac{1}{4}$を見付ける。 ○自分の考えを交流する。様々な考え方を共有する。	○早く終わったら，説明ができるようにさせ，違う折り方を考えさせる。

かかわりの手立て
・大きさの違う正方形を用意し４等分することで，どのような大きさでも１つのものを等分することに変わりがないこと，$\frac{1}{4}$が作れることに気付かせる。
・教師の方で４等分の誤答を出すことによって，同じ大きさに分けなければ$\frac{1}{4}$ができないことに気付かせる。

	○$\frac{1}{4}$をどのように見付けたのか説明させる。 ○教師の方で誤答を提示し間違いに気付かせる。	〈児童の考え〉 ・半分の半分に折ったから４等分になっている。そのうちの１つだから$\frac{1}{4}$。 ・折った線を切って，４枚が同じ大きさになったから４等分。そのうちの１つだから$\frac{1}{4}$。	

過程			
見つめる	$\frac{1}{4}$を見付けるためには，１つのものを４等分すればいい。		どんな形でも，４等分して$\frac{1}{4}$を見付けることができる。 （たしかめ問題）
	○違う形を４等分してみよう。	○丸や長方形など，折り紙以外のものを４等分して$\frac{1}{4}$を見付ける。	

8 板書計画

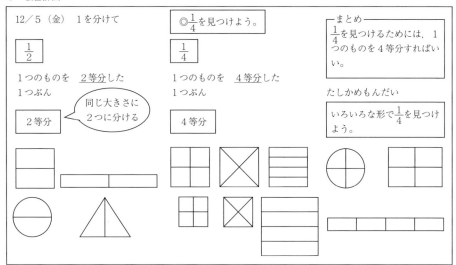

授業の解説

本時のねらいは、「四分の一を見付けることを通して、四分の一の意味を理解すること」です。初めて分数の概念を学習する子どもたちです。教え込みではなく、実感を伴った理解をさせ、その意味をしっかり理解してほしい、との授業者の願いがありました。だからこそ、授業では、子どもたちと一緒に折り紙やテープ図などを操作することで体験的に理解させる方法を選んだのです。

右下の写真は、本時の終了が近付いた時点での板書です。子どもたちと一緒に板書をつくりながら授業を進めていることがおわかりになるかと思います。

子どもたちに、初めて出会う対象を理解させるためには、具体物による「体験」「操作」が有効です。

その上で、しっかり「二分の一」「四分の一」、そして「分数」といった学習用語を押さえ、体験や操作で得た感覚と用語レベルの概念を一致させていくのです。　（渋谷）

4 国語科学習指導案（2年）

1　単元名「むかしのお話を楽しむ」（中心教材『かさこじぞう』）
2　単元の構想
　児童は2年生になってから，多くの物語文に接し，様々な学習をしてきた。『ひっこしてきたみさ』では，登場人物の心情を本文から読む学習を行い，『いなばのしろうさぎ』では，日本の昔話に興味をもつようになった。『きつねのおきゃくさま』では，人物関係図やクライマックス，全体のあらすじをまとめる学習を行い，『わにのおじいさんのたからもの』では，場面の様子について詳しく読む学習を行ってきた。
　子どもたちは，朝読書では静かに本を読むことができ，教科書の物語文も家庭学習で何度も読んでいる様子から，本を読むことについては意欲的に取り組むことができている。また，登場人物の把握やその関わり・出来事などについては，本文から正しく読むことができている。しかし，人物の心情やその変化などを考えて，自分の言葉で表現することが苦手な児童が多く，また，朝読書に読んでいる本のジャンルや授業の様子から，昔話については，現段階では興味が薄いと考える。
　本単元「むかしのお話を楽しむ」の中心教材『かさこじぞう』は，昔からある民話であり，「……と。」という表記が，民話独特の語り口で，親しみをもちやすい文体である。また，「じょいやさ，じょいやさ」「ずっさん，ずっさん」などの繰り返しの表現や，登場人物の会話など，読み手が様子を思い浮かべながら読むことに適した教材であると考える。
　単元の学習としては，読むこと領域の言語活動例のイ「物語の読み聞かせを聞いたり，物語を演じたりすること」，オ「読んだ本について，好きなところを紹介すること」に関連する内容であると考える。また，〔伝統的な言語文化と国語の特質に関する事項〕のア「昔話や神話・伝承などの本や文章の読み聞かせを聞いたり，発表し合ったりすること」ともつなげて学習することが可能である。
　学習指導要領の「C読むこと」の目標（3）には，次のように書かれている。

> 書かれている事柄の順序や場面の様子などに気付いたり，想像を広げたりしながら読む能力を身に付けさせるとともに，楽しんで読書しようとする態度を育てる。

　この目標や言語活動例，児童の実態などを踏まえ，本単元では「登場人物の会話や場面の様子，昔話特有の文体を読むことで，昔話の楽しさについて感じ取り，その楽しさを他の児童に伝える力」を児童に身に付けさせたい。「昔話の楽しさ」とは，昔話特有の言い回しの面白さや，話の中に隠れている読み手へのメッセージをつかむことである。また，鬼や動物など人間以外の登場人物が，人間と同じような行動や会話をすることで，物語が進んでいることなど，非日常的な世界が繰り広げられることも「楽しさ」ととらえることとする。
　子どもたちに力を身に付けさせる手立てとしては，「かさこじぞう以外の昔話を並行読書し，そのお話のおすすめポイントを紹介する」という言語活動を設定し，子どもたちに昔話の楽しさを再認識させるとともに，今後の読書活動の幅を広げさせるきっかけにしたいと考える。
　本単元では，一次・二次・三次で構成することとする。
　一次では，昔話について確認し，子どもたちがもつイメージを共有する。そこで，教師の読み聞かせなどを行うことで，今までは声に出して読んだ経験が少ないことに気付かせるとともに，昔話の楽しさを実感させ，自分も他の子にも楽しさを伝えたいという気持ちを想起させて単元の学習目標を設定する。
　二次では，『かさこじぞう』を用いて，登場人物の心情や場面の様子について，叙述を基に読む学習を行う。その際，会話文や音読するときに気を付けて読む部分などをとらえながら，一人読みや役割読みなど工夫をして音読することで，心情などの理解をより深めていきたい。また，物語特有の表現の仕方や言葉遣いなどにも着目させていきたい。さらには，昔話には読み手へメッセージが込められている場合があることにも気付かせたい。そうすることで，昔話の面白さや楽しさについて実感することが可能であると考える。そして，楽しさ

を伝える表現活動の取組として、『かさこじぞう』を用いて学級で発表を行う。また、単元の始まりの段階から発表するために並行読書している昔話から、話のあらすじや楽しさを『かさこじぞう』で確認した内容を用いて見付ける活動を行う。

　三次では、並行読書してきた昔話の本のおすすめポイントについて確認をし、どのように1年生に伝えるのかを考えさせる。前の単元で行った音読や紹介文を書く方法があることを確認し、あらすじや1年生が読んでみたいと思わせるような発表の仕方を考えて、紹介文を書いたり音読をしたりすることで、1年生に昔話の楽しさを伝える活動を行う。伝える活動を行うことで、自分たちにも昔話のよさを再認識させたい。そうすることで、今後の読書の幅をもたせるきっかけとなるようにしたい。

3　単元の目標

国語への関心・意欲・態度	読むこと	伝統的な言語文化と国語の特質に関する事項
◇音読を通じて昔話について興味関心をもち、読むことの楽しさを感じるとともにそのよさを伝えようとしている。	◇登場人物の心情や場面の状況を考えながら、想像を広げながら音読することができる。 ◇紹介したい昔話を選び、楽しんで読むとともに、好きなところを紹介することができる。	◇昔話などの本や文章の読み聞かせを聞いたり発表し合ったりすることができる。

4　指導計画（全9時間／本時6時間目）

	時間	主な学習活動
一次	1	1年生に昔話の楽しさを伝えるために、『かさこじぞう』の読み聞かせを基に、面白かったことや心に残ったことを交流する。そこから、昔話の楽しさに興味をもたせるとともに、1年生に昔話を伝えるための学習の計画を立てる。　【関・意・態】【伝国】
二次	2	昔話の楽しさを実感するために、『かさこじぞう』の場面ごとの様子を読み取ることで、あらすじをつかみ話の内容が簡単であるという特徴について理解を深める。【読むこと】
	3	昔話の楽しさを実感するために、『かさこじぞう』におけるじいさまやばあさまの優しさがわかる部分について、叙述を基に読み取り、音読を用いて優しさについて理解を深める。　【読むこと】
	4	昔話の楽しさを実感するために、『かさこじぞう』におけるじぞうさまがお礼をした理由について、叙述を基に読み取り、音読を用いてじぞうさまの思いについて理解を深める。　【読むこと】
	5	昔話の楽しさを実感するために、『かさこじぞう』の文体の特徴について着目し音読をするとともに、筆者が伝えたかったことについて理解を深める。【読むこと】
	6 本時	昔話の楽しさを伝えるために、『かさこじぞう』で自分が楽しいと思った昔話の特徴についてまとめ、交流を行う。また、並行読書している本の特徴についての楽しさを考えることができる。　【読むこと】【伝国】
三次	7・8	昔話の楽しさを伝えるために、自分が選んだ本について、あらすじや伝えたい場面などを考え、紹介文や音読などを用いて表現方法を工夫して取り組む。　【読むこと】【書くこと】【伝国】
	9	昔話の楽しさを伝えるために、紹介文や音読を用いて、1年生に自分が選んだ昔話の楽しさを伝える。　【関・意・態】【伝国】

（左側に縦書き：おすすめする昔話の本を並行読書する）

5　本単元で扱う学習用語と既習事項

学習用語	既習事項
・昔話　・読み聞かせ　・昔の言葉　・今の言葉 ・一人読み　・役割読み　・作品のメッセージ ・読み手	・音読　・紹介文　・場面　・登場人物 ・あらすじ　・クライマックス ・気持ち（心情）　・会話文　・様子を表す言葉

6　本時の目標
・『かさこじぞう』を基に，自分が楽しいと思った昔話の特徴についてまとめ，交流することができる。
【読むこと】
・並行読書している本の楽しさについて，考えることができる。
【伝国】

7　本時の展開（6／9）

過程	教師の働きかけ	児童の活動	評価規準及び留意事項
出会う	○前時までに学習した内容を確認させる。 ○本時の課題を確認させる。	○『かさこじぞう』を基に「昔話の楽しさ」を見付ける活動をしてきたことを確認する。	○ノートを基に，前時までに学習してきたことをふり返らせる。
	『かさこじぞう』をもとに，「昔話の楽しさ」を伝え合おう。		
かかわる	○「昔話の楽しさ」について確認するために，子どもたちが『かさこじぞう』で感じた楽しさをふり返らせる。 ○交流させることで，「昔話の楽しさ」の観点について確認させる。	○『かさこじぞう』の楽しさについて，前時までのノートに書き加える。 ○自分が見付けた楽しさについて，実際に音読をするなどの方法を用いて交流をする。	○「話のわかりやすさ」 「登場人物について」 「人間以外のものが動く」 「昔の言葉」 「読み手へのメッセージ」 『かさこじぞう』における「楽しさ」をまとめ，交流をすることができる。 （交流の様子）
	かかわりの手立て ・「昔話の楽しさ」について，観点をおさえておかなければ，ただ面白いという読解になりかねない。そこで，『かさこじぞう』で学習したことを基に確認をすることで，自分の観点をはっきりさせることが大切である。 ・そこから，自分が見付けた『かさこじぞう』のおすすめを交流することで，様々な観点から「楽しさ」を見付けられることに気付かせたい。 ・みんなで音読したり，観点に合った文を見付ける活動を行うことで，同じ観点でも感じ取った場所が個人で異なることがあることにも気付かせたい。		
	○1年生に発表する昔話を読み返し，「昔話の楽しさ」を見付けさせる。	○発表会で使う昔話を読み返し，『かさこじぞう』で学んだような「楽しさ」があるのかを探す。 ○見付けた部分について，『かさこじぞう』で学習した観点を基にまとめる。	○『かさこじぞう』と同様に，どういったことが「楽しさ」なのかを明確にさせる。

			自分が選んだ昔話の楽しさを見付けることができる。（記述）
見つめる	『かさこじぞう』と同じように，他の絵本にも「昔話の楽しさ」があるね。		
	○次時の確認をする。	○1年生への発表会へ向けて見通しをもつ。	○今回の発表は，自分で工夫して発表することを伝える。

8　板書計画

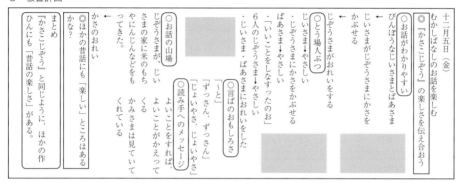

授業の解説

　国語科では，言語活動を通して指導事項を指導していきます。そして，「単元を貫く言語活動」を位置付けていくことが重要です。

　「単元を貫く言語活動」の実践例として，「お話の好きな場面を紹介しよう」「面白いところを伝え合おう」などが挙げられます。読者の皆さんの中にも，こう思われる方がいるのではないでしょうか？

　「本当に，『好きな場面の紹介』だけで読む力は付くのだろうか？」

　昔話には昔話の面白さがあります。『かさこじぞう』には『かさこじぞう』の面白さがあります。それらを教材研究で明確にし，指導事項と結び付けながら，子どもたちと追求していくことが大切なのです。

　授業者は，子どもたちと話し合いながら，『かさこじぞう』の面白さを「ストーリー展開のわかりやすさ」「登場人物の行動や会話」「昔話特有の言葉の面白さ」「お話の山場」「読み手へのメッセージ」とまとめました。その中から，子どもたち一人一人が，自分が感じた面白さを紹介していきました。「面白さとは何か？」　そのようなことを具体化していくことが，ねらいの明確化にもつながるのです。　　　　　（渋谷）

5 体育科学習指導案（2年）

1　単元名「ボール蹴りゲーム」
2　単元の構想

　児童は今年度に入り，多様な動きをつくる運動遊びにおいて，ボールを手で扱う運動に取り組んできた。ボールをつかむ，捕る，投げる，転がすなどの遊びを通して，ボールを片手や両手で扱ったり，ボールの動きに合わせて体を移動させたりしながら運動の楽しみを味わってきた。その中で見られた本単元にかかわる課題としては，足を使ってボールを扱う遊びの経験が少なく，片足でバランスを取ったり，膝を曲げて力強く踏み込んだりするなどの運動が苦手な児童が多かった。

　今回，扱う内容「E　ゲーム」には，「ア　ボールゲーム」と「イ　鬼遊び」がある。その中でも例示されている「ボール蹴りゲーム」を，主な活動として取り組む。ボール蹴りゲームの特徴は，足でボールを扱い，蹴る，運ぶなどといった基本的な動きを身に付け，個人対個人，集団対集団の競い合いを通して体力を養うことができる運動である。また，ゲームを通して，ルールを守って競い合うことや友達と協力して攻めたり守ったりすることの楽しさを味わうことができる運動でもある。

　学習指導要領の「E　ゲーム」には，次のように書かれている。

（1）簡単なボール操作やボールを持たないときの動きによって，的に当てるゲームや攻めと守りのあるゲームをすることができるようにする。【技能】
（2）運動に進んで取り組み，きまりを守り仲よく運動をしたり，勝敗を受け入れたり，場や用具の安全に気を付けたりすることができるようにする。【態度】
（3）簡単な規則を工夫したり，攻め方を決めたりすることができるようにする。【思考・判断】

　以上のことを踏まえ，本単元では特に『<u>目的をもってボールにかかわり，運動を楽しもうとする力</u>』を児童に身に付けさせたい。これらのねらいを達成するために，本単元の構成を一次，二次，三次で構成する。

　一次では，ボール蹴りゲームを楽しむために必要な技能に気付くことや用具の安全な使用方法に気付いたり，学習に見通しをもって意欲的に取り組んだりするような活動を設定する。そのために，プレグループゲームを行い，ボール蹴りゲームの簡単なルールを知ることとゲームの楽しさを味わうことのできる機会になるように工夫する。

　二次は，ボールを「蹴ること」と「運ぶこと」の技能を習得するために，2つに分けて構成する。「蹴ること」では，正確に力強くボールを足でとらえることをねらい，「運ぶこと」では，周囲の状況を把握しながらボールを運ぶことをねらっていきたい。どちらも導入で新聞紙を丸めて自作したマイボールを用いる。通常よりも扱うボールが転がりにくくなり，膝を曲げて力強く踏み込み易くなったり，周囲の様子を確認する時間的な余裕が生まれたりするなど，技能を習得する上で有効と考える。また，自作したマイボールを使用することにより，用具を大切にする心も育てたい。毎時間の授業の導入では，前時までのふり返りを学習用語や既習事項を活用することで，運動の動作イメージや考えなどを共有し易くなるように努める。授業の終盤には，必ず3人対3人以上のゲームを設け，習得した技能を発揮する場面の確保と，守備面でのねらいを感じる機会にしていきたい。その際，スポンジ製のボールを使用することにより，ボールに対する恐怖心を軽減し，技術の格差を平均化して，全児童が楽しめるゲームにしていく。

　三次には，グループ対抗戦を設定する。競い合うことの楽しさを味わいながら，相手チームによって作戦を考える場になるように工夫していきたい。

3 単元の目標

関心・意欲・態度	思考・判断	技能
◇ボールに慣れ親しみながら、何回も自分の課題に挑戦している。 ◇仲間と協力して攻めたり守ったりしようとしている。 ◇きまりを守ってゲームをし、勝敗を受け入れている。 ◇友達のよさを見付けようとする。 ◇積極的に活動している。	◇蹴り方や運び方など、どうするとうまくいくか工夫している。 ◇ゴール方向を意識して、攻撃している。 ◇ボールの前やシュートコースに立って邪魔しようとしている。 ◇チームで頑張りたいことや、簡単な作戦を考えている。	◇ねらって蹴ることができる。 ◇強く蹴ることができる。 ◇踏み込んで蹴ることができる。 ◇ボールを運ぶことができる。 ◇様々な動きをしている。 ◇連続してゲームにかかわっている。

4 指導計画（全6時間／本時5時間目）

	時間	主な学習活動
一次	1	ボールを「蹴ること」、「運ぶこと」の技能が必要だと気付けるように、プレグループ対抗戦を通してゲームを体感する。また、自作ボールの取り扱い方や、単元の最後に「グループ対抗戦」を設けていることを伝え、学習の見通しと意欲につなげる。 【関心・意欲・態度】【思考・判断】
二次	2	ボールを「蹴ること」を習得するために、的当てゲームを通して、正確にボールの中心をとらえたり、自分の課題にあった距離を選択し何度も蹴る練習に取り組んだりする。 【技能】
二次	3	ボールを「蹴ること」を習得するために、的当てゲームを通して、投げる動作の膝を曲げて動きが蹴る動作と共通点があることに気付いたり、マイボールを力強く蹴ったりして、ボールを蹴ることの楽しさを味わう。また、3対3のゲームでは、守備のねらいについて説明し、目的をもって動けるようにする。 【思考・判断】【技能】
二次	4	ボールを「運ぶこと」を習得するために、周りの状況を見て判断が必要な鬼遊びに取り組んだり、転がりにくいマイボールを使って足で運ぶことの楽しさを味わったりする。 【関心・意欲・態度】【思考・判断】【技能】
二次	5 本時	ボールを「運ぶこと」を習得するために、様々なゲームに取り組みながら、ねらいをもって足でボールを運ぶ感覚に着目させる。また、3対3のゲームでは、よりよい守備の方法について気付き、目的をもって動けるようにする。 【思考・判断】【技能】
三次	6	目的をもってボールにかかわり運動を楽しむために、グループ対抗戦を行い、練習の成果を確認する場にする。簡単な作戦をグループで話し合ったり、お互いに応援し合ったりする中で、ボール蹴りゲームの楽しさが味わえるように工夫する。 【関心・意欲・態度】【思考・判断】【技能】

5 本単元で扱う学習用語と既習事項

学習用語	既習事項
・助走　・立ち足　・振り足　・ドリブル　・パス ・得点(ゴール)　・ボールの中心　・攻撃(攻める) ・守備(守る)　・奪う(とる) ・スペース(空いている所)　・シュート	・走る　・止まる　・バランスよく広がる ・腕振り　・リズム　・観る　・攻める　・安全に ・スピード(速さ)　・キャッチ(つかむ)　・守る ・ゴール　・体の各部の名称(学活：性指導)

6　本時の目標
・友達と協力してゲームに積極的にかかわったり，自分の課題に何回も挑戦したりすることができる。
　　　　　　　　　　　　　　　　　　　　　　　　　　　　　　　　　　　【関心・意欲・態度】
・攻撃の目的を考え，攻め方を工夫することができる。　　　　　　　　　　【思考・判断】
・攻撃方向を意識して，ボールを運ぶことができる。　　　　　　　　　　　【技能】

7　本時の展開（5／6）

過程	教師の働きかけ	児童の活動	評価規準及び留意事項
出会う	○準備体操を指示する。【W-up】様々な動き・どんじゃんL型 ○前時の学習を想起させる。 ○本時の学習課題を提示する。	○主運動に使う動きを確認しながら，準備体操をする。 ○既習事項や学習用語を使って，前時までをふり返る。 ○本時の課題を把握する。	○主運動に用いる動きを入れる。マイボールを使用することで，全児童の活動量を確保する。 ○既習事項のイメージの共有化を図る。 ○用具移動では，安全面に配慮する。
	たくさん「シュート」をきめるために，ドリブルのポイントをさがそう！		
かかわる	【活動1】川渡りドリブル ○ドリブルする時に何を見ると，うまくいくのかを気付かせる。 ○ゴールするために，どんなドリブルの工夫があるのか交流させる。 【活動2】ナンバーコールゲーム ○うまく守備をしている児童を例に，守備の目的を確認し，攻撃の工夫について考えさせる。	○ドリブルする時に必要な「見ること」のポイントについて考え，交流する。 （ボール，相手，ゴール，スペースなど） ○友達の考えや映像を基に，自分ができそうなドリブルの工夫を選択する。 （スピードの変化，方向の変化など） ○守備に対して，ドリブルやそれ以外の攻撃の選択肢を考える。 （ボールの置き所，パス，シュートなど）	○攻撃の目的を考えさせる。 ○映像を用いることにより，全児童が共有できるようにする。 攻撃の目的を考え，ドリブルを工夫することができる。 ○守備の目的をゲームに生かせるよう確認する。
	かかわりの手立て ウォーミングアップの時からドリブルに必要な学習用語を用いることにより，活動1・活動2での思考・判断の材料となるようにする。ドリブルのスピードの変化や方向の変化が付けづらい児童には，ウォーミングアップのボールタッチのリズムをふり返らせたり映像を見たりすることにより，ドリブルの感覚がつかめるように支えていく。		
	○W-up，活動1，活動2をふり返り，ド	○活動をふり返り，ドリブルのポイントについて考える。	

見つめる	リブルのポイントについて交流させる。		
	まわりのようすを見て，ドリブルのスピードや方向を変えることが大切。		
	【ゲーム】 ○学んだことを1つでも生かせるように促し，3対3のゲームに取り組ませる。 ○次時への見通しをもたせる。	○学んだことを生かしながら，ゲームを楽しむ。 ○次時でグループ対抗戦に取り組むことを確認し，意欲を高める。	攻撃方向を意識して，ボールを運ぶことができる。

8　板書計画

```
12／5　ボールけりゲーム（サッカー）
◎たくさんシュートをきめるために，ドリブ      ☆あいてが　じゃましてきたら？
  ルのポイントをさがそう。                   ⇒・あいてのいない所へドリブル
                                              ・方向をかえる
 ⇒ボールをはこぶ時のポイント                   ・スピードをかえる
   ・足の面をつかう                            ・パスをする
   ・こまかくさわる
   ・まわりをみる                           【まとめ】
 ⇒ゴール，ボール，あいて                   まわりのようすを見て，ドリブルの方向やスピー
   スペース（空いている所）                 ドをかえることが大せつ。
```

授業の解説

　体育の授業で，最も授業者が大切にしていることは「必ず汗をかく活動量の確保」，そして「自分の動きの自覚化」です。自分の動きは，なかなか自分でモニターできないものです。まして，子どもなら，なおさらです。しかし，体育の授業において，自ら課題を解決していく姿勢を育てるためには，「自分は今どのような動きをしている。だから，このようなことを意識して取り組む必要がある。」という必要感，目的意識が大切になります。

　授業者は，特に自分の動きをモニターすることが難しいボールゲームのゲーム中の動きを子どもたちに見せ，自分の動きを自覚化させるために，工夫をしました。

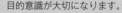

　左の写真をご覧ください。真ん中で，スマートフォンをもっているのが授業者です。授業者は，スマートフォンでゲーム中の動画を撮影し，ステージ上のスクリーンにプロジェクタで投影したのです。

　子どもたちに実際の動きを映像として見ることで，子どもたちが明確なイメージをもって，指導を受け，ゲームに臨むようになりました。

　体育科における思考・判断・表現を促すには，ＩＣＴの活用も視野に入れた授業づくりがこれから一層求められていくでしょう。

（渋谷）

6 国語科学習指導案（3年）

1 単元名「段落どうしの関係を考える」（中心教材『どちらが生たまごでしょう』）
2 単元の構想

　3年生になって児童は，読むこと領域で3つの説明的な文章を学習した。説明文『めだか』では「問い」と「答え」の関係，『森のスケーター　やまね』では文章構成図，『くらしと絵文字』では接続詞と指示語を中心に学習を行い，中心となる語や文をとらえて段落相互の関係を考えながら，文章を読む力が身に付いてきた。
　小学校学習指導要領　国語　第3学年及び第4学年「Ｃ　読むこと」の目標には，次のように書かれている。

> 　目的に応じ，内容の中心をとらえたり段落相互の関係を考えたりしながら読む能力を身に付けさせるとともに，幅広く読書をしようとする態度を育てる。

　また，指導事項イには，「目的や必要に応じて，中心となる語や文をとらえて段落相互の関係や事実と意見との関係を考え文章を読むこと」とある。これらの目標及び指導事項に基づき，本単元では，<u>段落同士の関係から各段落の要点を見付け本文を要約する力</u>を子どもたちに身に付けさせたい。
　本単元で学習する『どちらが生たまごでしょう』では，生たまごとゆでたまごの殻を割らずに見分けることはできないものかという疑問から出発し，見分ける方法の発見，そうなる理由，生たまごが回らない利点へと考えを進めていく過程を描いた文章である。
　本単元は，3学年で最後の説明文である。今年度，行ってきた学習を活用し段落同士の関係を考え要点を見付け，それを手掛かりに要約する力を付けていきたい。3学年の説明的文章における指導時数は，『めだか』は9時間，『くらしと絵文字』では8時間，『どちらが生たまごでしょう』では4時間となっている。本単元では，既習の接続詞や指示語を基に文章の構成をとらえるなど，これまで学習して身に付けてきた力を活用して文章を読むことが求められる。
　具体的には，保護者に本教材の内容を端的に紹介することを目的として，単元を通して要約する学習を中心に学習を進めていく。そのため，本単元は，一次，二次，三次で構成する。一次では，指示語や接続語に注意して読み，段落同士の関係を理解し，文章構成図を作成する。二次では，文章構成図を基に段落同士の関係から「問い」と「答え」を見付け，本文でわかったことをまとめる。三次では，段落同士の関係から各段落にどのような内容が書かれているのかを交流し，それに関わる大事な言葉を要点として本文を要約する。また，言語活動例にある，「記録や報告の文章を読んでまとめたものを読み合うこと」に基づく活動として，ペア学習で読み合いを行う。単に自作の文を紹介するのではなく，友だちの要約文から新たなヒントを得て，見直したり，加筆修正したりすることを目的とする。また，積極的に授業に参加しやすい環境にするための活動でもある。ペア学習の条件である「相手意識をもち交互に話す」「相づちをうつ」「時間を守る」などの既習の確認事項も意識させていく。
　本単元で，身に付けた文章を読み取る力や要約する力を今後の読書活動に生かし，幅広く読書をしようとする態度を育て，次学年へつないでいきたい。

3 単元の目標

国語への関心・意欲・態度	読むこと	伝統的な言語文化と国語の特質に関する事項
◇書かれている内容に関心をもち，楽しく読もうとしている。 ◇既習の学習を生かして，意欲的に活用しようと取り組もうとしている。	◇段落相互の関係をとらえるために，本文の概要をとらえ，文章構成図を作ることができる。 ◇段落相互の関係をとらえながら本文から要点を見付け，要約することができる。	◇段落相互の関係をとらえるために指示語や接続語を手掛かりとして利用しながら読むことができる。

4 指導計画（全4時間／本時3時間目）

	時間	主な学習活動
一次	1	段落相互の関係をとらえるために，既習事項である指示語や接続詞を手掛かりに読み，「問い」と「答え」を見付ける。【関心・意欲・態度】【伝国】 段落相互の関係をとらえるために，本文を読み取り，段落に分け，段落文章構成図を作る。【読むこと】
二次	2	要約するために，文章構成図を基に，「はじめ」「中①」の要点を見付け交流する。【読むこと】
二次	3 本時	要約するために，文章構成図を基に，前時までに学習した要約の方法を生かし，「中②」「終わり」の要点を見付け交流する。【読むこと】
三次	4	要約するために，段落相互の関係を捉え，前時までにまとめた要約を生かし，はじめ，中，終わりから要点をとらえ，本文全体を要約して交流する。【読むこと】

5 本単元で扱う学習用語と既習事項

学習用語	既習事項
・要点（中心となる言葉）　・要約	・接続詞　・指示語　・文章構成図　・引用 ・「問い」と「答え」　・はじめ　中　終わり

6 本時の目標

　要約するために，文章構成図を基に，前時までに学習した要約の方法を生かし，「中②」「終わり」の要点を見付け交流することができる。

【読むこと】

7　本時の展開（3／4）

過程	教師の働きかけ	児童の活動	評価規準及び留意事項
出会う	○前時までの学習内容を想起させる。	○前時までの学習内容を想起し，学習することを確認する。	○前時までの学習をふり返る。また，本時の学習過程を意識させる。
かかわる	文章構成図をもとに，要点を捉え本文を要約しよう。		
かかわる	○段落の「中②」の要点を見付けさせる。 ○全体で交流する。 ○段落の「おわり」の要点を見付けさせる。 ○全体で交流する。	○段落の「中②」から要点を見付ける。 ○段落の「中②」の要約を行う。 ○段落の「おわり」の要点を見付ける。 ○段落の「おわり」の要約を行う。 ○ペア学習 ○発表	かかわりの手立て 　各段落に何が書いてあるかおおまかに読み取り，それに関わる大事な言葉を探し，交流することで要点を見付ける。また，交流で出た要点を中心に要約を行う。 　ペア学習では，対話の条件を意識して交流を図っていく。 　一人一人の違いを認め，そのよさがわかるような交流，声掛けを図る。
見つめる	要点をとらえて，要約することでわかりやすく紹介できる。		
見つめる	○友だちの発表を基に自分の要約の見直しをする。	○発表	要約するために，文章構成図を基に，前時までに学習した要約の方法を生かし，「中②」「終わり」の要点を見付け交流することができる。【発表・記述】

8 板書計画

授業の解説

　左の写真上部に，短冊型の掲示がたくさん貼られているのが見えるかと思います。これらは授業者の教室で大切にされている学習用語や学習のきまりの一覧です。

　学習用語や学習のきまりをこのように随時掲示していくことで，子どもたちに「学びの蓄積」を感じさせることができます。

　また，常時掲示してあるので，それらを見ながら，学習中に活用することもできます。

　このように学習用語は，学習の系統化を図っていく上で，また，子どもたちに学びの蓄積を実感させる上で，非常に有効なのです。

　本時の授業のねらいは，「文章の要点をとらえて，要約できる」ことです。授業者は，「要点」「要約」を学習用語として明確に挙げ，子どもたちに伝えました。そして，文章を実際に要約していく活動の中で，子どもたちが自然と文章の「要点」に気付き，それらをつなげ「要約」できるようにしていったのです。

　学習用語の提示によって，何を学習するのかが明確になっているので，子どもたちは意欲的に文章の要約に取り組んでいました。要約の学習は，なかなか子どもたちの意欲を喚起することができないものです。

　しかし，「本時の学習はこれなのだ」と明確に伝えることによって，このような子どもたちの姿が生まれるのです。

（渋谷）

7 国語科学習指導案（3年）

1 単元名「場面の様子を想像して読む」（中心教材『モチモチの木』）
2 単元の構想

　3年生になって児童は，「読むこと」領域の文学的文章『消しゴムころりん』では，言語活動「ガイドブックで紹介しよう」を通して，「お話のあらすじをつかむこと」など文学的文章を読むための基礎的な力を付けてきた。また，『わすれられないおくりもの』では，言語活動「感想交流カードで交流しよう」を通して，「文章を読んで考えたことを発表し合い，一人一人の感じ方について違いのあること」を意識して学習してきた。

　本単元で学習する『モチモチの木』は，語り手が三人称の視点で，五歳の豆太を温かく見守りながら語っていく，斎藤隆介の創作民話である。豆太，じさまなどの人物設定が明確であり，人物像をつかみやすい。また，登場人物，情景を表す滝平二郎による版画の挿絵も迫力がある。さらに，起承転結がはっきりしており，臆病な主人公「豆太」の行動や会話等の叙述から気持ちの変化が読み取りやすいという特徴をもっている。

　小学校学習指導要領　国語科　第3学年及び第4学年「C　読むこと」の目標は次のように示されている。

> 目的に応じ，内容の中心をとらえたり段落相互の関係を考えたりしながら読む能力を身に付けさせるとともに，幅広く読書しようとする態度を育てる。

　さらに，指導事項ウには「場面の移り変わりに注意しながら，登場人物の性格や気持ちの変化，情景などについて，叙述を基に想像して読むこと」とある。これらの目標及び指導事項に基づき，本単元では，豆太やじさま，医者様の人柄や，夜道を泣き泣き行くことができた豆太について，登場人物の行動や様子，会話，語り手の言葉などを基に想像して読むことを通して<u>「登場人物の気持ちの変化をつかみながら読む力」</u>を子どもたちに身に付けさせたい。

　そこで，本単元は一次・二次・三次で構成する。一次では，「モチモチの木ボックス」のモデルと出会わせることによって，「モチモチの木ボックス」を教室前廊下に展示して紹介しようという意欲と具体的な見通しをもたせるようにする。「あらすじ」「登場人物の人物像」「登場人物の気持ちの変化」などを記述した「モチモチの木ボックス」は，端的に紹介するので互いの感じ方の違いも表れやすく，感じ方の違いに気付くことに直結する言語活動である。

　二次では，『モチモチの木』の「あらすじ」「登場人物の人物像」「登場人物の気持ちの変化」をとらえたことを生かし，「モチモチの木ボックス」の中心文を書く学習を位置付ける。

　三次では，二次で書きためてきたあらすじ，登場人物の人物像，登場人物の気持ちの変化などを読み返し，「モチモチの木ボックス」を仕上げるようにする。また，斎藤隆介の文学作品を並行読書していくことで，『モチモチの木』との共通点・相違点について考え，「モチモチの木ボックス」にも生かしていけると考える。

3 単元の目標

国語への関心・意欲・態度	読むこと	伝統的な言語文化と国語の特質に関する事項
◇書かれている内容に関心をもって，読もうとする。また，自分が興味・関心をもった本を選ぼうとしたり，進んで本を読もうとしたりする。	◇場面の移り変わりに注意しながら，登場人物の性格や気持ちの変化，情景などについて，叙述を基に想像して読むことができる。	◇表現したり理解したりするために必要な語句を増やし，また，語句には性質や役割の上で類別があることを理解することができる。

4 指導計画（全10時間／本時５時間目）

	時間	主な学習活動	
一次	1	単元の学習の見通しをもつことができるようにするために，「モチモチの木ボックス」のモデル提示から，単元の学習計画を考える。　　　　　　　　　　　　【関心・意欲・態度】	昔話の本を朝読書の時間に並行読書をしていく
二次	2	「モチモチの木ボックス」を作成することを見通し，お話のあらすじを紹介することができるようにするために，登場人物の行動や会話について考える。　　【読むこと】	
	3・4	「モチモチの木ボックス」を作成することを見通し，登場人物の人物像を紹介することができるようにするために，登場人物の行動や会話について考える。　　【読むこと】	
	5・6 本時	「モチモチの木ボックス」を作成することを見通し，登場人物の気持ちの変化について紹介することができるようにするために，登場人物の行動や様子，会話について考える。　　　　　　　　　　　　　　　　　　　　　　　　　　　　　　　【読むこと】	
	7	「モチモチの木ボックス」を作成するために，「自分のお気に入りの斎藤隆介の文学作品」と『モチモチの木』の共通点・相違点について考える。　　　　　　【読むこと】	
三次	8・9	「モチモチの木ボックス」を作成するために，毎時間書きためてきたあらすじ・人物像・気持ちの変化の下書きを友だち同士で見せ合い，よいところや改善点について交流していく。また，友だち同士で交流し合ったことを生かして，「モチモチの木ボックス」を完成させる。　　　　　　　　　　　　　　　　　　　　　　　　　　　　【読むこと】	
	10	お互いの読みの違いを交流し合うことができるように，「モチモチの木ボックス」を読み合い，感想を述べ合う。　　　　　　　　　　　　　　　【読むこと】【読むこと】	

◇「モチモチの木ボックス」を教室前廊下に展示し，廊下を通行した人から感想をもらうことで，学びの成果や「やってよかった！」という達成感を実感できるようにしていく。

5 本単元で扱う学習用語と既習事項

学習用語	既習事項
・気持ちの変化	・登場人物　・あらすじ　・人物像

6 本時の目標
　豆太，じさまの行動や様子，会話について考えることを通して，登場人物の気持ちの変化を読み取ることができる。
　　【読むこと】

7 本時の展開（5／10）

過程	教師の働きかけ	児童の活動	評価規準及び留意事項
出会う	○前時までの学習内容を想起させる。	○前時までの学習内容を想起し，学習することを確認する。	○前時までの学習をふり返る。また，本時の学習過程を意識させる。
	登場人物の気持ちの変化について考えよう。～「モチモチの木ボックスへの道」～		
かかわる	○「どのように」豆太が変化したのかについて考えさせる。	かかわりの手立て 「じさまあ」「じさまあっ！」「じさまっ！」「じさまあ」などの豆太のじさまを呼ぶ時の呼び方（**会話**）の変化に注目させる。また，「表戸を体でふっとばして走りだした」「ねまきのまんま」「はだしで」「足からは血が出た」「なきなきふもとの医者様へ走った」などの「**行動や様子**」について叙述に即して思考させる。	
	○「今までの豆太は夜一人で行動できなかったのに，なぜ夜に医者様を呼びに行くことができたのか」について考えさせる。 ○「なぜ，豆太はじさまが元気になってもしょんべんにじさまを起こしに行くのか」について考えさせる。	○「なぜ」変化したのかについて話し合う。 ○文章全体の叙述から，既習事項を生かしながら話し合う。	豆太，じさまの行動や様子，会話について考えることを通して，登場人物の気持ちの変化を読み取ることができる。　　【記述】
見つめる	登場人物の行動や様子，会話に注目することで，登場人物の気持ちの変化を読み取ることができる。		○本時の学習の成果を明確にし，次時への意欲や見通しをもたせるようにする。
	○登場人物の気持ちの変化を自分なりにまとめさせる。 ○登場人物の行動や会話に注目することで，登場人物の気持ちの変化を読み取ることができたことを価値付け，次時への見通しをもたせる。	○登場人物の気持ちの変化を自分なりにまとめる。 ○登場人物の行動や会話に注目することで，登場人物の気持ちの変化を読み取ることができたことを実感し，次時への見通しをもつ。	

8 板書計画

授業の解説

　現在，国語科における実践課題の1つは，「身に付けさせたい力を明確にすること」だと言われています。国語科は，子どもたちにとっても，そして授業者にとっても，「身に付けさせたい力」が見えにくい教科の1つです。

　「身に付けさせたい力」を明確にしていくためには，評価規準を明確にもつことが必要ですが，もっと授業レベルに落とした具体的な「身に付けさせたい力」のイメージをもつことが大切です。そのために最適な教材研究は，「授業で行う言語活動を教師が実際に行ってみる」ことです。そして，単元終末で作成したり行ったりする作品や活動のモデルを作ることです。

　授業者は，単元冒頭で子どもたちに見せ，言語活動のイメージをもたせるため「モチモチの木ボックス」を実際に作ってみました。作る段階で，「子どもたちがこんなことを書ければ，ねらいを達成したといえるな。」「ここで子どもたちがつまずきそうだ。」などといった，具体的な気付きが出てきます。これこそが，授業レベルにおける「身に付けたい力」の具体なのです。指導者は，子どもたちが行う言語活動を実際に行うことにより，「身に付けさせたい力」を明確にしていく必要があるのです。

　また，授業者は，授業のまとめのモデル文を作成し，示しています。本時のねらいは「登場人物の行動や様子，会話に注目し，気持ちの変化を読み取る」ことですから，本時のねらいに迫るキーワードの部分を穴あけにしています。このような工夫を取り入れることによって，学習が苦手な子どもたちも，しっかり学習をまとめていくことができるのです。

　国語科における思考・判断・表現を促していくためには，子どもたちが単元の見通しをもち，課題解決的な過程を踏んだ単元構成が求められます。そんな単元づくりを行っていくためには，指導者自身が，当該単元の言語活動を行い，単元を追体験することが，大切なのです。

（渋谷）

8 算数科学習指導案（4年）

1 単元名 「垂直，平行と四角形」
2 単元の構想

児童は，2学年において，長方形，正方形，直角三角形，3学年において二等辺三角形，正三角形，円といった基本的な平面図形について学習した。また，4学年での単元「角」の学習では，図形の構成要素としての角の意味について理解を深め，分度器による角度の測定や作図の仕方を学んだ。「角」の学習において，分度器の使用方法や，三角定規の角度，角や三角形のかき方を知識として理解することはできたが，「正確に」角度を測ったり，「正確に」角や三角形をかいたりする作業が苦手な児童が見られた。

本単元「垂直，平行と四角形」は，一次・二次で構成する。一次では，2直線の位置関係を表す「垂直」「平行」の性質について指導する。二次では，辺の「垂直」「平行」という位置関係を新たな観点に加え，基本的な平面図形を「台形」「平行四辺形」「ひし形」へと広げていく指導をする。性質を生かして作図をする場が設けられていることが特徴で，既習事項を活用する力と，分度器と三角定規を適切に使用し，より正確に作図する力を高めやすい単元である。

小学校学習指導要領　算数科　第4学年「C　図形」の目標は，次のように書かれている。

（1）図形についての観察や構成などの活動を通して，図形の構成要素及びそれらの位置関係に着目し，図形についての理解を深める。
　ア　直線の平行や垂直の関係について理解すること。
　イ　平行四辺形，ひし形，台形について知ること。

この目標に基づき，本単元では特に，「それぞれの図形の性質を基にして，正確に作図する方法を考える力」を子どもたちに身に付けさせたい。ただ単に技能として作図の方法を身に付けたり，定義を覚えるだけではなく，垂直，平行の性質や図形の性質を活用して作図の方法を自ら考え出す算数的活動を通して，平面図形についての理解を深めていきたい。その際，ペア学習やグループ学習など，学習や活動のねらいに応じた学習形態を工夫していく。図形のもつ性質を調べる中で，"長方形，正方形，ひし形は，いずれも平行四辺形の性質をもっている""正方形はひし形と長方形の性質をもっている"など，図形を包摂的に考えることにも触れ，幅広く平面図形を捉えていきたい。そして作図に関しては，「正確さ」を重視する。そのために三角定規や分度器，コンパスを適切に使用し，確実に"たしかめ作業"を行うなど，児童にも正確に作図する方法を考えさせながら学習を進めていく。また，鋭角，直角，鈍角，平行，垂直の感覚を磨き，たしかめ作業をする前に，「これは正確にかけていない」と気付く力も必要である。"正しい直角"を見付ける活動などを取り入れながら，平面図形の感覚を磨き，さらに作図における正確性を高めていきたい。

3 単元の目標

関心・意欲・態度	数学的な考え方	技能	知識・理解
◇身のまわりから，垂直や平行になっている2直線や，台形，平行四辺形，ひし形を見付けようとしている。	◇2直線について，垂直や平行という位置関係があることを見出している。 ◇四角形（台形，平行四辺形，ひし形）について，その違いに気付き分類し，分類した四角形の特徴を見出している。	◇平行な2直線や垂直な2直線を，かくことができる。 ◇台形，平行四辺形，ひし形をかくことができる。	◇直線の平行や垂直の関係，台形，平行四辺形，ひし形の意味や性質について理解している。

4 指導計画（全15時間／本時４時間目）

	時間	主な学習活動
一次	1	垂直の意味，性質を理解するために，地図を見て道の交わり方を調べる。【関心・意欲・態度】【数学的な考え方】
	2	平行の意味，性質を理解するために，地図を見て道の交わり方を調べる。また，平行な２直線の幅について調べる。【関心・意欲・態度】【数学的な考え方】
	3	平行の性質を理解するために，平行な直線と交わる直線とが作る角について調べる。【数学的な考え方】【知識・理解】
	4 本時	垂直の作図ができるように，１組の三角定規を用いた，垂直な直線のかき方を考える。また，垂直を使って長方形を作図する。【数学的な考え方】【技能】
	5	平行の作図ができるように，１組の三角定規を用いた，平行な直線のかき方を考える。また，垂直や平行を使って長方形を作図する。【数学的な考え方】【技能】
	6	小単元の練習をするために，「垂直と並行」のかき方の練習をする。【知識・理解】【技能】
二次	7	台形，平行四辺形の意味を理解するために，長方形の紙に三角定規やものさしを重ねてできたいろいろな四角形を，辺の並び方に着目して分類する。【関心・意欲・態度】【数学的な考え方】
	8	平行四辺形の意味，性質を理解するために，平行四辺形の性質を調べ，まとめる。【数学的な考え方】【知識・理解】
	9	ひし形の意味，性質を理解するために，紙を４つに折って角を切り取ってできた四角形を調べ，ひし形について知る。【数学的な考え方】【知識・理解】
	10	平行四辺形の作図をするために，三角定規，コンパス，分度器を使い，方法を考える。【数学的な考え方】【技能】
	11	台形，ひし形の作図をするために，三角定規，コンパス，分度器を使い，方法を考える。【数学的な考え方】【技能】
	12	対角線の意味，四角形の対角線の性質を理解するために，いろいろな四角形の対角線の長さや交わり方を調べる。また，対角線を用いた，ひし形のかき方を考える。【数学的な考え方】【知識・理解】
	13	小単元の復習をするために，「四角形」をかく。【知識・理解】【技能】
	14	図形についての感覚を豊かにするために，同じ形(合同)の平行四辺形や台形を敷き詰めた図のかき方を考える。【関心・意欲・態度】【数学的な考え方】
	15	単元のまとめをするために，問題を解く。【知識・理解】【技能】

5 本単元で扱う学習用語と既習事項

学習用語	既習事項
・垂直 ・台形 ・平行 ・平行四辺形 ・対角線 ・ひし形	・直線 ・分度器 ・長方形 ・角度 ・90° ・正方形 ・直角 ・直角三角形 ・二等辺三角形

6 本時の目標
・垂直な直線をかく方法について考えることができる。　　　　　　　　　　　　　【数学的な考え方】
・垂直な直線を正確にかくことができる。　　　　　　　　　　　　　　　　　　　　　　【技能】

7 本時の展開（4／15）

過程	教師の働きかけ	児童の活動	評価規準及び留意事項
出会う	○問題を提示する。		○教科書は机の中に入れて，ワークシートを配布する。
	直線⑦に垂直な直線をかこう。		
	○分度器を使用（既習事項）するかき方を考える。	○分度器を使用して，垂直な直線をかく。	○児童同士で答え合わせをさせる。
	○三角定規のみを使用してかく方法を考えることを伝える。		○三角定規を使用して考える際の直線⑦には，少し傾きを加えておく。
	三角定規を使って，直線⑦に垂直な直線を正確にかこう。		
かかわる	○三角定規のみを使用して垂直な直線をかく方法を，各自で考えさせる。 ○友達同士で交流させる。 ○全体で確認する。	かかわりの手立て 　児童の考え方として，2パターン考えられる。 　①三角定規1つだけ使用 　②三角定規2つ使用 　直線⑦に少し傾きをつけておくことで，①よりもさらに②の方が正確にかけることが児童にも実感でき，必要感を持ってその後の作図に取り組めると考える。また，「角」の学習において，分度器を用いて「たしかめ」を行うことを定着させてきた。よって，この学習でも，垂直をかく際の手順の中に分度器での「たしかめ」も含めて考えさせ，より正確に作図する方法を定着させたい。 ○実物投影機を使って，意見交流をする。	垂直な直線をかく方法について考えることができる。 （ノート）
	≪垂直な直線のかき方≫ 　① もとの直線に三角定規を合わせる。 　② もう1つの三角定規をぴったり合わせて，直角を作る。 　③ ずれないように，垂直な直線を引く。 　④ 分度器でたしかめる。		

見つめる	○たしかめ問題を解かせる。 ○垂直な直線のかき方を使って、長方形をかかせる。 ○児童同士で答え合わせをさせる。 ○平行を作図する方法について児童に投げかけて、次時につなげる。	○ワークシートに垂直な直線をかく。 ○ワークシートに長方形をかき、友達同士で垂直な直線が正確にかけているのか、確認し合う。 ○見通しをもつことで次時への意欲を高める。	○児童同士で答え合わせをさせる。 垂直な直線を正確にかくことができる。 （ワークシート）

8 板書計画

```
12/5   p32

 ┌─────────────────────────┐                    まとめ
 │(問題) 直線㋐に垂直な直線をかこう。│                    ≪垂直な直線のかき方≫
 └─────────────────────────┘                    ①もとの直線に三角定規を合わせる。
 ┌──────────┐                                     ②もう1つの三角定規をぴったり合わせて直線
 │分度器を使用 │                                        をつくる。
 └──────────┘                                     ③ずれないように直線を引く。
   垂直…直角ができる（90°）                        ④分度器でたしかめる。
 ┌─────────────────────────┐
 │(課題)                               │
 │三角定規を使って、直線㋐に垂直な直線を正確│                 (たしかめ) 点アを通って直線㋑に垂直な直線
 │にかこう。                           │
 └─────────────────────────┘                 (チャレンジ問題) たて4cm、横6cmの長方形
 〈自分の考え〉
 ┌──────┐  ┌──────┐
 │          │  │          │
 │          │  │          │
 │          │  │          │
 └──────┘  └──────┘
```

授業の解説

　本時のねらいは、「三角定規を使って、垂直な直線をかく」ことでした。授業者は、単なる技能を身に付けさせることだけでなく、「どうして、三角形を組み合わせたら、垂直な直線を書くことができるのか」という理由を考えさせるようにしました。算数は、論理的に筋道立てて考える力を付ける教科の1つです。考えさせる活動をしっかり位置付けることを網走小学校では大切にしています。　　（渋谷）

9 国語科学習指導案（4年）

1 単元名「場面の様子を想像して読もう」（中心教材 『ごんぎつね』）
2 単元の構想

　児童は，「C読むこと」領域の学習において，「感想文を書こう」（中心教材『一つの花』）の単元で，物語を読み感想を述べ合う言語活動を通して，登場人物の気持ちの変化を読む力や叙述を基に想像して読む力を身に付けることができた。一方で，読んだことを感想語彙を用いて表現する力や，目的や必要に応じて要約して表現する力について，不十分な面が見られる。

　本単元は，言語活動を「本の帯で紹介しよう」と設定し，『ごんぎつね』を中心教材として進めていく。「本の帯」には，限られたスペースで表現しなければならないため，目的や必要に応じた要約や観点を明確に定めた紹介が求められる，という特徴をもっている。相手に紹介をするため，目的的に読む活動には適切な言語活動であるといえる。中心教材である『ごんぎつね』は，長く教科書に掲載されている文章であり，登場人物の人物像が明確で，場面の展開もわかりやすい。それ故，ごんと兵十のすれちがいが生む悲劇が心に迫ってくる。児童には，登場人物の人物像をとらえさせながら，『ごんぎつね』の世界にしっかりと浸らせていきたい。

　小学校学習指導要領　国語　第3学年及び第4学年「C読むこと」の目標に次のように書かれている。

> 　目的に応じ，内容の中心をとらえたり段落相互の関係を考えたりしながら読む能力を身に付けさせるとともに，幅広く読書しようとする態度を育てる。

　この目標に基づき，本単元では特に，「登場人物の人物像をとらえる力」「場面の移り変わりに注意し，紹介したい場面を選ぶ力」「必要や目的に応じて要約を行う力」を「帯づくり」という言語活動を通して，児童に身に付けさせたい。

　本単元は一次・二次・三次で構成することとする。一次は，本の帯のモデルを複数提示し，分析する。帯にどのような要素が盛り込まれてできているのかということもつかんでいき，『ごんぎつね』を本の帯で紹介する，という課題を設定して，学習の見通しをもつ。

　二次は，「本の帯で『ごんぎつね』を紹介しよう」という課題を明確にもちながら，『ごんぎつね』を読んでいく。本の帯には，「登場人物の人物像」「お気に入りの一文」「物語を表す一言」「感想」「作品のあらすじ」を要素とし位置付けていくために，繰り返し読んでいく。その際には，上段に全文，下段に罫線を配したワークシートを使用し，読み進めながら気付きやあらすじを書き込んでいけるようにする。目的に合わせた読みをし，まとめたことを即座に本の帯作成に生かせるような単位時間の構成にできるよう工夫していく。

　三次は，二次で作成した帯を，紹介の目的に合った表現になっているか，自分の紹介したいことが適切に表現されているかなどの視点で見直し，必要に応じて書き直していく。お互いに帯を交流することで，同じ物語を読んでも感想や紹介の視点などが違うことに気付き，面白さを発見してほしい。完成した帯は，児童が全文視写し綴じ込んだ『マイごんぎつね』に付けていき成就感を味わわせる。

3 単元の目標

国語への関心・意欲・態度	読むこと	伝統的な言語文化と国語の特質に関する事項
◇学習の見通しをもち，自分の紹介したい場面や人物像などについて「本の帯」で紹介する，という目的をもって作品を読もうとしている。	◇目的に応じて，登場人物の人物像や場面の移り変わりなどをつかみながら読んでいる。 ◇紹介するための観点をもちながら読み，必要や目的に応じて要約している。	◇修飾と被修飾との関係をはっきりさせて文を書いている。

4 指導計画（全11時間／本時8時間目）

	時間	主な学習活動
一次	1	学習の見通しをもつために，複数の本の帯を観察し，読者としてどのような影響を受けるか話し合う。また，複数の本の帯を分析することで，紹介に必要な要素を発見し，学習計画を立て，学習の見通しを明確にする。　　　　　　　　　　　　　　　　　　　　　　　【関・意・態】
二次	2	「本の帯」で作品を紹介するために，登場人物の人物像をとらえながら読み，どんな言葉で紹介していくかを考え，帯に記述する。　　　　　　　　　　　　　　　　　　　　　【読むこと】
	3〜5	「本の帯」で作品を紹介するために，作品全体の構造（場面構造，場面同士のつながり）や展開をとらえながら読み，どんな言葉で紹介していくかを考える。　　　【読むこと】【伝国】
	6・7	「本の帯」で作品を紹介するために，400字程度のあらすじをまとめ，どんなことばであらすじを紹介していくかを考える。　　　　　　　　　　　　　　　　　　　　　　　【読むこと】
	8 本時	「本の帯」で作品を紹介するために，400字程度のあらすじを，帯のスペースに合うよう100字程度にリライトし，帯に記述する。　　　　　　　　　　　　　　　　　　　【読むこと】
三次	9	「本の帯」を作成するために，読んだ感想などを，本の帯に記述していく。　　【読むこと】
	10・11	「本の帯」を交流するために，完成した本の帯を交流し，お互いのよさや紹介の特徴をとらえ，『マイごんぎつね』に帯を付ける。　　　　　　　　　　　　　　　　　　【読むこと】

5 本単元で扱う学習用語と既習事項

学習用語	既習事項
・本の帯　・あらすじ　・人物像 ・（人物像をとらえるための）呼称，性格，境遇など	・設定―発端―事件―結末　・登場人物

6 本時の目標

400字のあらすじを，自分の紹介したい場面と理由を明確にし，100字程度のあらすじにリライトすることができる。　　　　　　　　　　　　　　　　　　　　　　　　　　　　　　　　　　　　【読むこと】

7 本時の展開（8／11）

過程	教師の働きかけ	児童の活動	評価規準及び留意事項
出会う	○前時の学習を想起させる。 ○児童から出た前時の学習事項を板書に整理する。 ○600字あらすじと本の帯のあらすじモデルを提示し，文章量などを比較させる。	○前時までに作成した600字あらすじを作成する際に学習したことを想起する。 ○600字あらすじでは，本の帯のスペースに入らないことをつかみ，短く書き直す必要があることをつかむ。	○「ふりカエル」のフリップを黒板に貼り，学習過程を意識させる。 ○目的や必要感を生むために，帯と600字あらすじを提示し，文章量やスペース等を比較させる。
	本の帯で『ごんぎつね』を紹介するために100字程度で，紹介したい場面のあらすじをまとめよう。		
かかわる	○100字あらすじのグッドモデルを複数提示し，何が要素として盛り込まれているかを分析する。 ○100字あらすじのバッドモデルも提示し，グッドモデルと比較させ100字あらすじを書く見通しを明確にもたせる。 ○自分の紹介したい場面を選ばせ，その場面にあった登場人物の性格付け，行動の記述，今後の展開を期待させる記述を書かせる。	かかわりの手立て 　100字あらすじのモデルは，指導事項との関連を考え「①性格付けされた人物の紹介　②その人物がその場面で行ったこと　③結末等の展開を期待させる文章」で構成することとする。グッドモデルには，典型的に記述し，児童が各要素に気付くことができるようにする。 　また，バッドモデルを提示し，より明確に各要素をつかむことができるようにしていく。	
		○人物像の学習を生かして，選択した場面における中心人物の性格付けを行い記述する。 ○その場面で行った中心人物の行動を記述する。 ○これからの展開を期待させる文章を記述する。	○中心人物に，紹介したい場面にかかわる性格付けを行っている。中心人物の行動を記述している。（記述）
見つめる	紹介したい視点を決めて，あらすじを書くとよいね。		
	○あらすじを書くことができた子どもから，「本の帯」に記述させる。 ○次時の見通しをもたせ，意欲喚起につなげる。	○「本の帯」にあらすじを記述し，お互いのあらすじを交流する。 ○達成感を味わいつつ，次時への意欲を高める。	○交流する際に，どんな工夫があるのか，どんな生活付けを行ったのか等，観点や目的を明確にして行うようにする。

8 板書計画

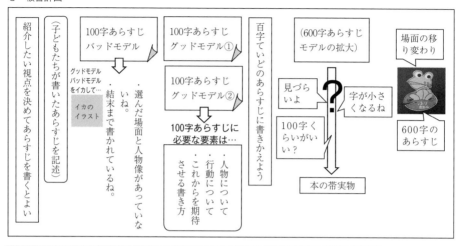

授業の解説

上の板書計画を見ると,「カエル」や「イカ」のイラストがあります。授業者の教室には,当時このような「動物」がたくさんいました。例えば,次のような動物がいました。

左の写真の動物は「ふりカエル」です。この「ふりカエル」はどんなところで提示されるかというと,「前時の内容の想起」の時間だったり,「本時のまとめ」の時間だったり,子どもたちが学習を「ふり返る」時間に提示されるのです。

子どもたちは,「ふりカエル」が登場すると,「前の時間のふり返りをするんだ。」「この時間をまとめるんだ。」とわかっているので,「ふりカエル」を登場させるだけで,学習が進んでいきます。

実は,この「ふりカエル」は授業者のオリジナルではなくて,田山修三先生(北海道教育大学岩見沢校特任教授)が考案し,授業等で使われているものです。(詳しくは田山修三著『若い教師を育てる五円玉の授業』小学館　参照)

田山先生は,「ふりカエル」を含めて,次のカエルたちを授業の中で使われています。

・かんガエル…学習課題を考える際に提示するカエル
・きりカエル…学習課題を追究する際に,視点を切り替える時に提示するカエル
・つカエル……本時学んだことが本当に使えるか,習熟等を図る際に提示するカエル
・ふりカエル…前時や本時の内容をふり返る際に提示するカエル

お気付きのように田山先生は,4匹のカエルを「問題解決過程」に沿って提示され,1つ1つの過程のシンボルとして,1匹1匹のカエルを位置付けているのです。

子どもたちに身に付けさせたい問題解決過程を,子どもたちに親しみやすいマスコットに変換して繰り返し提示しているのです。

授業者は以上の考え方を取り入れて,授業づくりを行ってきたのです。

(渋谷)

10 音楽科学習指導案（4年）

1　単元名「お祭りや民ようめぐり」～おはやしのリズムやせんりつで遊ぼう～
2　単元の構想
　本単元は，日本や世界の各国に伝わるお祭りや民謡について学ぶ単元である。各地域によって音楽の特徴や使われている楽器に違いがあること，また世界にはいろいろなリズム楽器があることなどについて学習していく。その中でも，北海道の代表的な民謡の1つである「ソーラン節」を中心教材とし，この曲で使われている5音音階を用いて旋律をつくり，締太鼓などの和太鼓と合わせて自分たちの音楽をつくる活動を中心に行う。4年生の児童は，音楽づくりに関して，前学年でリコーダーを用いて簡単な旋律をつくったり，アフリカの音楽で音楽づくりを経験したりしている。4年生になってからは，「さくらさくら」で和楽器の1つである「箏」を弾いたり，「アンサンブルの楽しさ」の単元で器楽合奏を行ったりしている。また，学習の最初に4拍の簡単なリズムを手拍子で叩いたり，拍を感じながらリズムをリレーしていったりする活動を経験している。これら全ての経験を生かし，おはやしや民謡のリズムと旋律を用いた「音楽づくり」を行いたいと考える。
　小学校学習指導要領　音楽科　第3学年及び第4学年の目標（2）には，次のように書かれている。

> 基礎的な表現の能力を伸ばし，音楽表現の楽しさを感じ取るようにする

　また，2内容「A　表現」（3）音楽づくりの指導事項には「イ　音を音楽に構成する過程を大切にしながら，音楽の仕組みを生かし，思いや意図をもって音楽をつくること。」と書かれている。これらの目標に基づき，本単元では，<u>5音音階の旋律を組み合わせたり，和太鼓のリズムを重ねたりして自分たちの音楽をつくる活動を通して，仲間と創意工夫して音楽をつくることのよさや楽しさを味わうこと</u>をねらいとする。
　本単元では，日本や世界のお祭りの音楽を映像などで鑑賞したり，「ソーラン節」をはじめとするいくつかのおはやしや民謡を歌ったりすることで，各地に古くから伝わる音楽にはいろいろな特徴があることに気付かせることから学習を始めたい。おはやしや民謡の特徴である日本独特の音階，和太鼓や笛の種類，音色やリズムについて知り，それらの響きを感じることで古くから伝わる音楽が持つよさや楽しさを実感し，演奏への意欲としてつなげられるようにしたい。音楽づくりは6人のグループで行い，「飛べよつばめ」や「アラホーンパイプ」で学習した「かけ合い」や「音の重なり」という音楽の仕組みについて生かすことができるよう学習を進めていく。曲全体の構成は，「はじめ－なか－おわり」とし，なかの部分は，「ソーラン節」の前奏の後に5音音階を基にしてつくった旋律を「かけ合い」でつなげてまとまりのあるものにしていく。また，締太鼓，大太鼓のリズムパターンは固定とするが，「音の重なり」に注目して旋律や太鼓のリズムを合わせたり，曲の始め方や終わり方にも注目したりしていくことで，音楽づくりの楽しさを味わわせたいと考える。さらに，強弱などの演奏の工夫を取り入れたりするなど，グループで「こんな音楽にしたい」といった思いや意図をもって取り組むことで，仲間と協力し，創意工夫して音楽をつくることのよさや楽しさを感じて欲しいと願う。

3 単元の目標

音楽への関心・意欲・態度	音楽表現の創意工夫	音楽表現の技能	鑑賞の能力
◇日本や世界のさまざまな音楽に興味・関心をもって聴いたり、歌唱や楽器の演奏に進んで取り組んだりしようとしている。	◇日本や世界の音楽を特徴付けているリズムや旋律などの要素を聴き取り、それらの働きが生み出すよさや面白さを感じながら、それらをどのように自分の音楽づくりに生かし、表現するかについて思いや意図をもっている。	◇太鼓のリズムや音階の特徴を生かし、かけ合いや音の重なりなどの仕組みを理解して演奏している。	◇日本や世界の音楽のリズムの特徴や楽器の音色などを聴き取り、それらの働きが生み出すよさや面白さを感じながら、演奏のよさに気付いたり味わったりして聴いている。

4 指導計画(全8時間／本時4時間目)

時間	主な学習活動
1	おはやしや民謡に親しみをもつために、日本各地や世界のお祭りの音楽を聴いたり、映像を見たりする。【鑑賞】
2	おはやしや民謡を楽しむために、「ソーラン節」をリコーダーで演奏したり、歌ったりする。また、大太鼓・締太鼓を重ねて演奏する。【創意工夫】【技能】
3	5音音階に慣れるために、教科書の表をつなげて旋律をつくったり、即興的な旋律をつくったりして、それらの旋律をリレーするなどの表現活動をする。【創意工夫】【技能】
4 本時	音楽の仕組みを生かした音楽づくりをするために、なかの部分の①「ソーラン節」の前奏、②5音音階の旋律、③和太鼓のリズムの組み合わせについて考える。【創意工夫】【技能】
5	音楽の仕組みを生かした音楽づくりをするために、はじめとおわりの部分の①「ソーラン節」の前奏、②5音音階の旋律、③和太鼓のリズムの組み合わせについて考える。【創意工夫】【技能】
6	つくりあげる音楽の思いや意図が明確になるように、中間発表をして改善点を見付け、それらを基にさらに練習する。【創意工夫】【技能】
7	自分たちでつくったおはやしのよさを味わうために、グループごとに発表し、自分たちの音楽づくりのふり返りをする。【創意工夫】【技能】
8	世界の音楽「サンバ」の演奏を楽しむために、「おどれサンバ」を歌ったり、シェーカーなどの楽器を重ねて演奏したりする。【関心・意欲・態度】【技能】

5 本単元で扱う学習用語と既習事項

学習用語	既習事項
・かけ合い　・音の重なり　・リズム　・5音音階 ・始め方　・終わり方	・旋律　・拍の流れ

6 本時の目標
　「かけ合い」や「音の重なり」に注目して，自分たちの音楽づくりに取り組むことができる。
　　　　　　　　　　　　　　　　　　　　　　　　　　　　　　　　【創意工夫】【技能】

7 本時の展開（4／8）

過程	教師の働きかけ	児童の活動	評価規準及び留意事項
出会う	○今までの学習内容を想起させる。 ○本時の学習の課題を提示する。	○リコーダーの演奏をする。 ○今までの活動をふり返り，「ソーラン節」を和太鼓と合わせて歌い，5音音階の旋律遊びをしたことを思い出す。	○音楽の仕組みについて確認しながら活動を進めていく。
	せんりつやリズムを重ねて，自分たちのおはやしをつくろう その1～なかの音楽づくり		
かかわる	○おはやしのなかの部分について，全体で「ソーラン節」の前奏，5音音階の旋律，大太鼓・締太鼓の組み合わせ方を考えていく。 ○グループごとに「ソーラン節」の前奏，5音音階の旋律，大太鼓・締太鼓を「かけ合い」や「音の重なり」に注目させながら，どう組み合わせていくかの話し合いをさせる。 ○話し合いを基に，「かけ合い」や「音の重なり」を意識しながら練習する。	かかわりの手立て 　音楽づくりを進めるにあたって，まず全体で例となるものをつくりあげていく。その後，全体の前で示した例を基に，特に旋律と太鼓のリズムの重ね方についてグループごとに工夫して進めていく。グループ発表において，他のグループの演奏を聴いて参考にできることを見付けたり，自分の発表をふり返り改善点を見付けていったりすることで，「こんな音楽にしよう」「もっとこういう風にしていこう」という意図をもって取り組めるようにしたい。 ○グループごとに発表し，それぞれの作品を全体で共有する。	
	仕組みに注目していくと，まとまりのある音楽をつくることができる		
見つめる	○次回の，はじめとおわりについて考える活動についての見通しをもたせる。	○次回の活動は，始め方と終わり方について考えていくことを知り，活動の見通しをもつ。	音階や太鼓のリズムを「音楽の仕組み」について考えながら構成し，それらを生かした音楽づくりに取り組むことができる。 【発言・取組・表情】

8 板書計画

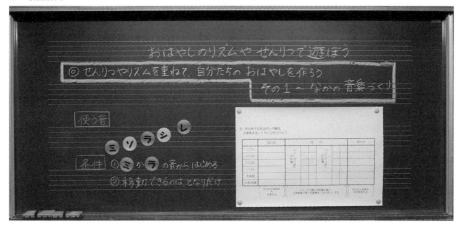

授業の解説

　本校では、全国を舞台に活躍されている先生方に御指導いただく機会があります。音楽科においては、筑波大学附属小学校の髙倉弘光先生に3年間ご指導いただいています。
　今年の8月も髙倉先生が来校され、本校6年生を対象とした授業、講演、そしてワークショップを行っていただきました。
　その講演の中で、髙倉先生は次のようにお話しされました。

「ほとんどの先生は、音楽の全授業時数のうち、40％を歌唱に、30％を器楽に、20％を鑑賞に充てている。そして、音楽づくりについては10％程度しか充てていない。」
（網走小学校　髙倉弘光先生講演会より）

　つまり、音楽づくりは音楽科の中で、取り扱うことの難しい領域である、ということが言えます。確かに、子どもたちに、突然「音楽をつくってみてね。」と言っても「？？？？？」という状態になるでしょう。ですから、はじめは、使う音やリズムを限定することにより、誰でも無理なく音楽づくりを楽しめることを大切にしました。また、そこから偶発的に発生するルールから外れた音やリズムを価値づけることにより独自性に、つなげていくのです。授業者は、本授業の反省で、次のように書いています。
　「特に、歌唱や器楽といった領域で、表現することを得意としない児童も、積極的に活動に参加する姿が見られたことがとてもよかった。」音楽づくりだからこそ輝く子どもたちの感性を確かに感じることができたのです。

(渋谷)

11 国語科学習指導案（5年）

1 単元名「オリジナル金子みすゞ詩集を作ろう」（中心教材『みすゞさがしの旅』）
2 単元の構想
　これまでの読むこと領域（文学的な文章）の学習では，『五月になれば』では中心人物の気持ちがわかる表現に線を引きながら心情の変化を読む学習を行った。また，『大造じいさんとがん』では，行動や会話，心情から中心人物の人物像を考えた。さらに，つかんだ人物像と自分の生き方をふり返ることにより，自分の生き方を見つめさせた。それにより，作品を読みながら，自分自身を見つめる力を多くの児童が身に付けた。
　本単元の中心教材となる『みすゞさがしの旅』はノンフィクションというジャンルの作品である。ノンフィクションとは，虚構をまじえず，事実を伝えようとする作品・記録のことである。ノンフィクションの作品を読むとき，読み手の中にあるのは「ある出来事や人などのことをもっと知りたい。」「偉業を達成した人物がどのような生き方をしたのか。」という気持ちである。そこで，本単元では金子みすゞの詩の世界に浸らせ，児童に「金子みすゞは，どうしてこのような素敵な詩を書けたのか。」という思いをもたせるところからスタートさせたい。
　また，中心教材の『みすゞさがしの旅』では，筆者の矢崎節夫のみすゞに魅せられ，みすゞを発掘しようとする姿が，一人称で書かれている。よって，中心教材だけでは，金子みすゞという人物には迫れないと考える。よって，副教材として『みんなを好きに』という金子みすゞの伝記を使用する。この2つの教材を基に金子みすゞという人物を明らかにしていき，「どうして，このような詩を書けたのか。」という疑問を解決していく。
　小学校学習指導要領　国語科　第5学年及び第6学年「C　読むこと」の目標には次のように書かれている。

> 目的に応じ，内容や要旨をとらえながら読む能力を身に付けさせるとともに，読書を通して考えを広げたり深めたりしようとする態度を育てる。

　この目標に基づき，本単元では「作者の生き方を知り，作者のものの見方，考え方を交流する活動を通して，自分の考えを広げたり深めたりできる力」を児童に身に付けさせたい。
　上記の力を身に付けさせるために本単元は，言語活動「オリジナル金子みすゞ詩集を作ろう」を設定した。「オリジナル金子みすゞ詩集を作ろう」を設定した理由は2つある。
　詩集には自分が選んだ詩の解説を載せる。解説には，『お気に入りの作品を選んだ理由（表現の工夫，作品から伝わってきたみすゞの思い）』『自分とみすゞのものの見方や考え方の比較』『みすゞの人物像と作品の関連』の3つの内容を書く。
　『自分とみすゞのものの見方や考え方の比較』を書く時に，自分とみすゞの見方や考え方を比較して共通点や相違点を考えることにより，自分の考えを広げたり深めたりすることができると考えた。これが言語活動「オリジナル金子みすゞ詩集を作ろう」を設定した理由である。
　「オリジナル金子みすゞ詩集を作ろう」を単元を貫く言語活動に設定し，本単元は三次で構成した。
　第一次では，お気に入りの作品を選ぶ活動により金子みすゞという自分への関心を高めていきたい。また，詩集のモデルを見て解説に必要な内容を考えることで単元の見通しをもたせると同時に，教材文を読む必要感を生み出していく。
　第二次では，自分が選んだお気に入りの作品の解説を書く活動を進めていく。
　内容①『お気に入りの作品を選んだ理由（表現の工夫，作品から伝わってきたみすゞの思い）』を書くことにより，選んだ詩に対する思いを膨らませ，金子みすゞに迫りたいという気持ちを高めていく。
　また，内容②『自分とみすゞのものの見方や考え方の比較』を書くことにより，自分自身の見方や考え方を広げたり深めたりさせていきたい。
　さらに，内容③『みすゞの人物像と作品の関連』の解説を書く時には，人物像と作品を関連させることによ

り，作品をより深く理解させていく。『深く理解する』とは，人物像と作品を関連させる，みすゞに関する事実を作品の解釈の根拠に加え，解釈をより深めることと定義した。

　第三次では，完成した詩集を交流する。解説付きの詩集ができた時に，児童同士の間で交流させることにより，感じ方や選んだ詩の違いに触れ，友だちとの共通点や相違点を考えることで，自分の考えを深めたり広げたりさせていきたいと考えている。

3　単元の目標

国語への関心・意欲・態度	読むこと	伝統的な言語文化と国語の特質に関する事項
◇金子みすゞ作品に興味をもち，様々な作品を進んで読もうとしている。	◇金子みすゞの作品などを，自分のものの見方や考え方を深めながら読むことができる。 ◇金子みすゞ作品を金子みすゞの人物像とつなげながら解釈し，作品の解説文を書くことができる。	◇作者が用いている表現の工夫に気付きながら，詩を読むことができる。

4　指導計画（全8時間／本時7時間目）

	時間	主な学習活動
一次	1	金子みすゞという人物への興味をもつために，作品集の中からお気に入りの作品を選ぶ。　【関心・意欲・態度】
	2	オリジナル金子みすゞ詩集を作成する見通しをもつために，詩集のモデルを見て詩集に必要な内容を考える。　【読むこと】
二次	3	自分が選んだ作品の解釈を深めるために，表現の工夫や作者が作品に込めた思いを考える。　【読むこと】【国語の特質に関する事項】
	4	自分の考えを広げたり深めたりするために，作者と自分のものの見方や考え方を比べる。　【読むこと】
	5・6	金子みすゞという人物を深く知るために，教材文や年譜を読み金子みすゞの人物像を考える。　【読むこと】
	7 本時	自分が選んだ作品の解釈を深めるために，作者の人物像と作品がどのように関係しているかを考える。　【読むこと】
三次	8	自分の考えを広げたり深めたりするために，お気に入りの作品を紹介し合い，感じ方の共通点や相違点を考える。　【読むこと】

5　本単元で扱う学習用語と既習事項

学習用語	既習事項
・ノンフィクション　・伝記　・年譜　・生い立ち ・時代背景	・行動　・心情　・作者　・詩　・連　・人物像

6 本時の目標
　人物像とみすゞの作品がどのように関係しているかを考えることにより，作品をより深く理解することができる。
【読むこと】

7 本時の展開（7／8）

過程	教師の働きかけ	児童の活動	評価規準及び留意事項
出会う	○モデルの解説文を提示する。	○自分が選んだお気に入りの詩を音読する。 ○モデルの解説を見て，本時の学習内容を確認する。	かかわりの手立て ・作品との関連は，言葉の美しさ，こめられた思い，題材など，様々な部分と関連させて考えさせることにより，作品の魅力の幅を広げさせていく。 ・5・6時間目で考えた人物像を生まれた環境，時代背景，みすゞの経験，考え方という視点で人物像をカテゴリー分けして整理することにより，作品との関連を考えやすくさせる。 ・全体で話し合いながら，人物像と作品の関連を考えて，それを踏まえた解説文のモデルを提示することにより，「見つめる」の場面でどのように自分のお気に入り作品の解説文を書いたらよいかをつかませる。
	金子みすゞの作品をより深く理解して，解説文を書こう！		
かかわる	○『大漁』を掲示し，一斉音読させ，感想や込められた思いを考えさせる。 ○教材文から読み取った人物像と作品がどのように関係しているか考えさせる。 ○担任が書いた『大漁』の解説文を見せる。	○『大漁』を読んだ感想や込められた思いを考える。 ○教材文や年譜を基に金子みすゞの人物像を確認する。 ○人物像と『大漁』の関連を考える。	
見つめる	○学習したことを生かして，自分のお気に入りの作品の解説文を書くことを伝える。	○本時の学習を生かして，自分のお気に入りの作品の解説文を書く。	読む力の評価規準 ・自分のお気に入りの作品と人物像の関連についての解説文を書くことができる。 （ワークシート）
	作者の人物像と作品を関連させることにより，作品をより深く理解することができる。		

8 板書計画

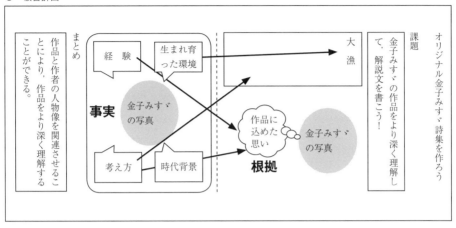

授業の解説

授業のねらいは，「金子みすゞの人物像と作品を関連させて作品をより深く理解すること」です。

つまり，作者の生い立ちや生活してきた環境，人間関係，それらが形成した作者のものの考え方などを子どもたちがとらえ，その上で作品を読み，解釈していく，という授業です。金子みすゞの人物像をとらえていく際に，本単元では『みすゞさがしの旅』という中心教材に加え，『みんなを好きに』という金子みすゞの伝記も並行して読書させていくことにしました。

伝記を扱う単元において重要なのは，「その人が，いつ，どこで，何をしたのか」という点や「どのような出来事があり，何がその人物を成長させていったのか」という点をつかんでいく，ということに加え，伝記の書き手や書きぶりによって，伝わり方が全く違うということなのです。

例えば，「平成23年度 授業アイディア例」（国立教育政策研究所）では，「自伝（書き手：本人）と評伝（書き手：第三者）とを比べて読み，書き手や書き表し方の特徴をとらえる。」というアイディア例が掲載されています。伝記を読む際には，どうしても「人物の行動」「業績」などの内容面に目がいきがちです。しかし，書き手や書きぶりの違いに応じた読み方を指導していくことも重要です。ですから，授業者は，一編の文章だけでなく，複数の文章から，多面的に金子みすゞの人物像をとらえさせようとしたのです。

(渋谷)

12 国語科学習指導案（5年）

1　単元名「本の世界を深める」（中心教材『雪わたり』）
2　単元の構想
　子どもたちはこれまで，行動・会話や情景描写から中心人物の心情変化をとらえる力，その変化のきっかけを読む力，中心人物の人物像を考え，それを自分の生き方と比較して物語を読む力を身に付けてきた。その結果，読書好きな子が増え，学習した教材と同一作家の作品を読むなど幅広く読書する様子が見られるようになった。
　学習指導要領の「C　読むこと」の目標では，次のように書かれている。

> 目的に応じ，内容や要旨をとらえながら読む能力を身に付けさせるとともに，読書を通して考えを広げたり深めたりしようとする態度を育てる。

　この目標に基づき，本単元では同一作家の複数の作品からそれぞれの「作品の心」を読み，作者像を想像して読む力を身に付けさせたい。
　本単元では，「作品の心」を読み取るという読み方だけでなく，もう一歩深化した読み方の1つとして，「作品の心」から作者の性格，考え方，作品を書いたときの気持ちなどの像，つまり作者像を想像して読む力を身に付けさせたい。このような読み方を知ることによって，「作品の心」をつかむ楽しさだけでなく，作者像を想像しながら読む楽しさも感じながら読むことができると考える。そして，「この作品ではこんな作者像が想像できたけれど，同じ作者の他の作品ではどうか」と考えてさらにその作者や作者の作品に興味をもち，より深く作品それぞれの「作品の心」を読んだり，作者像を考えたりすることもできるだろう。
　子どもたちにとって作者像を想像することは初めての学習である。そのため，まずは作者像とは何かを学ぶことが必要である。本単元で定義する作者像とは，性格・考え方・経験の像とする。「作品の心」から作者像を想像できることを，既習教材を用いて指導する。
　本単元では宮沢賢治の作者像を想像して読む学習を通して，本の世界を深めるために「賢治交流会」を行うことを目標にすると子どもたちに伝えた上で，中心教材である『雪わたり』の学習を進める。ここでは登場人物の行動・会話，心情変化とそのきっかけを基に「作品の心」を読む。
　本単元により，作者像を想像しながら読むことで，読書の世界の広がりや同一作家の作品を読む楽しさを一層味わうことができるだろう。これが「本の世界を深める」ということであると考える。この単元を通して，子どもたちの生涯の読書生活をより充実させていきたい。

3　単元の目標

国語への関心・意欲・態度	読むこと	伝統的な言語文化と国語の特質に関する事項
◇『雪わたり』や他の作品からわかる作品の心を基に，宮沢賢治という作者像について積極的に考えようとしている。また，お互いの作者像について交流し，自分の考えをより深めようとしている。	◇中心人物の行動・会話，心情変化から「作品の心」を読むことができる。また，「作品の心」から作者の性格や考え方を想像し，読むことができる。	◇語感，言葉の使い方に対する感覚などについて関心をもったり，比喩や反復などの表現の工夫に気付いたりすることができる。

4 指導計画（全10時間／本時7時間目）

	時間	主な学習活動
一次	1	作者像の考え方を知るために，既習教材の「作品の心」を読み，そこから作者の性格や考え方はどのようかと，作者像を想像する。【関心・意欲・態度】【読むこと】
	2	単元を貫く言語活動の方法を理解するために，言語活動である交流会の形式を知り，前時で学習した「作品の心」と作者像の交流会を行う。【関心・意欲・態度】
二次	3	『雪わたり』の作品の心を読み取るために，『雪わたり』全文を読み，中心人物の行動・会話を読む。【読むこと】【伝国】
	4	『雪わたり』の作品の心を読み取るために，中心人物の行動・会話から，心情を読む。【読むこと】
	5	『雪わたり』の作品の心を読み取るために，中心人物の心情の変化のきっかけを読む。【読むこと】
	6	宮沢賢治の作者像にせまるために，心情の変化のきっかけを基に『雪わたり』の「作品の心」を考える。【読むこと】
	7 本時	宮沢賢治の作者像にせまるために，『雪わたり』の「作品の心」から宮沢賢治の作者像を考え，「賢治交流会」を行う。【読むこと】
三次	8	宮沢賢治の作者像を考えるために，自分で選んだ宮沢賢治の作品についての「作品の心」を読み取り，その作品のあらすじをまとめる。【読むこと】
	9	宮沢賢治の作者像をより深めるために，自分の選んだ作品の「作品の心」から作者像を考え，『雪わたり』で考えた作者像を比較する。【読むこと】
	10	本の世界を深めるために，「賢治交流会」を行い，友達との作者像の共通点や相違点を考える。【関心・意欲・態度】【読むこと】

5 本単元で扱う学習用語と既習事項

学習用語	既習事項
・作者像　・賢治交流会	・行動・会話　・あらすじ　・心情　・心情変化 ・クライマックス（山場）　・作品の心（主題）

6 本時の目標
　『雪わたり』の「作品の心」から宮沢賢治の作者像について考え，考えた作者像を交流し，「作品の心」と作者像との関連について考えることができる。【読むこと】

7　本時の展開（7／10）

過程	教師の働きかけ	児童の活動	評価規準及び留意事項
出会う	○前時の学習を想起させる。 ○前時に考えた『雪わたり』の「作品の心」から宮沢賢治の作者像を考えることを伝える。 ○課題の提示	○『雪わたり』の「作品の心」について確認する。 ○『雪わたり』の「作品の心」から宮沢賢治の作者像について考えるという学習の見通しをもつ。	かかわりの手立て 　作者像を考える際は、「どうして作者は作品にこのようなメッセージを『作品の心』としてこめたのか」と発問し、「作品の心」から作者像について考えることにつなげていきたい。 　また、作者像を考えることに戸惑っている子については、単元の1・2時間目で行った作者像の考え方を手立てに『雪わたり』の作者像を考えさせる。 　考えた作者像を「賢治交流会」や全体で交流することによって、同じ作品、同じ「作品の心」からでも、共通している像や自分とは少し違った像があるという相違に気付くことができるだろう。この共通点や相違点があることによって、他の作品からも作者像にせまる必要があると次時の活動につなげることができるだろう。
	『雪わたり』の「作品の心」から、作者像を想像しよう。		
かかわる	○作者像を個々に考えさせる。 ○『雪わたり』で「賢治交流会」を行い、「作品の心」と作者像について交流させる。 ○全体で考えた作者像について交流し、作者像の共通点や相違点に気付かせる。	○作者像について考え、ワークシートにまとめる。 ○『雪わたり』の「賢治交流会」を行う。 ○全体で作者像について交流する。	
	1つの作品よりも複数の作品から想像した方が、より作者像にせまることができそうだ。		
見つめる	○『雪わたり』以外の宮沢賢治の作品からは、どんな作者像が考えられるかと、次時への見通しをもたせる。	○宮沢賢治の本の世界を深めるために、次時からは自分で選んだ作品の作者像を考えるという見通しをもつ。	「作品の心」から、宮沢賢治の作者像を考えることができる。また、友達の作者像と自分の考えた像を比較することによって、より作者像への考えを深めることができる。 （ワークシート、交流の様子）

8 板書計画

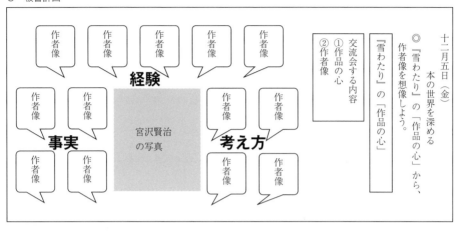

授業の解説

本単元は、作品から作者像を考える、という単元です。今回は、宮沢賢治作品を複数読み、その作品から自分なりの宮沢賢治像を形作っていく、ということになります。

作者像に迫っていくためには、作品を十分に味わうことが大切です。そのために、授業者は、「行動・会話」「あらすじ」「心情変化」「クライマックス」などの読みの視点を大切にして、単元を展開していきました。

また、読みの視点を活用しながら、味わった文章の面白さやよさを友達と交流する活動を意図的・計画的に位置付け、お互いの解釈の違いに気付き、深めていくよさも感じ

させていきました。

読書の楽しさには、様々なものがあります。楽しむための読書、知識を得るための読書、調べるための読書、自分の考えを補強するための読書…。

授業者は、読書の楽しみ方の1つとして「作者像を想像する読書」「作者の考え方などを味わう読書」があるのではないかという提案と、そんな楽しみを子どもたちに感じてほしいという願いを込めた単元だったのです。（渋谷）

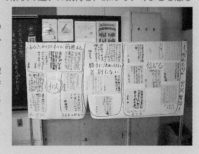

13 家庭科学習指導案（5年）

1　単元名「元気な毎日と食べ物」
2　単元の構想
　前単元「はじめてみようクッキング」における「ゆで野菜サラダ」の調理を通して，子どもたちはガスコンロの安全な扱い方，食材の切り方やゆで方を学び，調理の基礎的な知識と技能を身に付けてきた。調理に対する意欲も高く，宿泊学習のカレー作りや，家庭での調理などに積極的に取り組み，学んだことを活用しようとする姿が見られた。
　子どもたちは，生活経験から栄養のバランスがよい食事をとることが望ましいという意識はもっている。しかし，給食の時間の様子を見ると，嫌いな食品を一口程度に減らしている児童が少なからずいる。自らの食生活と知識を結び付けて考え，バランスよく食品を食べるということができる児童は少数である。
　本単元「元気な毎日と食べ物」は，食事の役割や栄養素について学んだ上で，日本の伝統的な日常食であるご飯と味噌汁の調理をする単元である。
　小学校学習指導要領の家庭科　第5学年及び第6学年の目標（3）には次のように書かれている。

> 自分と家族などとのかかわりを考えて実践する喜びを味わい，家庭生活をよりよくしようとする実践的な態度を育てる。

　この目標に基づき，本単元では，「自らの食生活を見直し，日常の食生活を改善しようとする力」を子どもたちに身に付けさせたい。
　そのために，本単元は一次・二次・三次で構成する。一次では，様々な料理から，理想の給食メニューを考えさせる活動を通して，本単元への興味・関心を高めると同時に，学習の見通しをもたせていく。
　二次は，「日常の食生活を見直すための基礎的な知識を定着させること」と，「食事の栄養バランスをよくするために，栄養素に関する基礎的な知識を活用して，食品の組み合わせを工夫できるようにすること」の2点をねらいとし，前半と後半に分けて構成する。ここでは，基礎的な知識の確実な定着を図るために，栄養教諭と連携して指導していく。前半は，給食に含まれる食材を体内での働きや栄養素ごとに分類する活動を行う。児童にとって身近な食事である給食を扱うことにより，栄養素に対する興味関心を高め，基礎的な知識の定着を図る。また，給食を減らすことが，栄養バランスの偏りにつながることに気付かせたい。後半では，一次で児童が考えた理想の給食の栄養素を分類する活動を行う。その際，二次の前半で得た知識を活用しながら，栄養のバランスを意識して食品の組み合わせを工夫することができるようにする。
　三次では，児童が調理の技能を身に付けるだけでなく，「栄養バランスのよい食事をするために，ご飯と味噌汁を作れるようになりたい。」という意欲を高められるようにしたい。そのために，「ご飯とみそ汁についての知識を得る」ことをねらいとした前半と，「ご飯と味噌汁の調理の技能を身に付ける」ための後半に分けて構成する。前半では，「なぜご飯と味噌汁は，セットで食べることが多いのか。」について考えさせることによって，ご飯と味噌汁を中心とした食事は，含まれる栄養素の特徴から，栄養のバランスがとりやすい点について気付かせていく。その際，味噌汁の実を工夫することで，五大栄養素を全て摂取することが可能である点についてもおさえる。後半では，技能の習熟を図るために，体験的な活動を充実させる。実習の前時に，条件を変えて作ったご飯や味噌汁を実食して比較する活動を行うなど，ご飯と味噌汁の調理方法について，実感を伴った理解につなげられるようにする。さらに，本単元のまとめとして，学習したことを家庭で活用する場を設定する。家族のために栄養バランスを考え，ご飯と実を工夫した味噌汁の調理計画を立てる。そして，冬休みに実際に調理し，手順と工夫をレポートに表す活動を行う。その活動を基に，冬休み明けに実践の交流をする。「栄養バランスがよく，おいしいごはんと味噌汁が作れた。」「家族が喜んでくれた。」「また作りたい。」という思いを交流させたり，互いの工夫を認め合ったりすることにより，家庭での実践を継続していく意欲を高められるようにしたい。

3　単元の目標

家庭生活への 関心・意欲・態度	生活を創意工夫する能力	生活の技能	家庭生活についての 知識・理解
◇毎日の食事に関心をもち，栄養を考えた食事をしようとしている。 ◇食品に含まれる栄養素が体の成長や活動のもとになることに関心をもっている。 ◇日本の伝統的な日常食であるご飯と味噌汁に関心をもち，調理しようとしている。	◇食品の組み合わせについて，栄養を考えて工夫している。 ◇栄養のバランスをよくすることができるよう，味噌汁の実を工夫している。 ◇おいしいご飯の炊き方や味噌汁の作り方について工夫している。	◇米の洗い方，水加減，給水時間などに留意して炊飯ができる。 ◇だしのとり方，味噌の扱い方，実の切り方や入れ方に留意して味噌汁の調理ができる。	◇栄養素は，体内での主な働きにより3つのグループに分けられることを理解している。 ◇五大栄養素の種類と働きについて理解し，栄養を考えて食事をとる大切さについて理解している。 ◇食品を組み合わせて五大栄養素を摂取すると，栄養バランスがよい食事になることを理解している。 ◇ご飯や味噌汁の調理の仕方について理解している。

4　指導計画（全11時間／本時4時間目）

	時間	主な学習活動
一次	1	栄養に関する学習への意欲を高め，学習の見通しをもたせるために，理想の給食のメニューを考える活動を行う。さらに，食事の役割について考える。【関心・意欲・態度】【知識・理解】
二次	2	自らの食生活を見直すために，給食を3つの食品グループに分類する活動を通して，栄養素の体内での働きを知る。【関心・意欲・態度】【知識・理解】
	3	自らの食生活を見直すために，給食を五大栄養素に分類する活動を通して，五大栄養素の種類と働きについて知る。【関心・意欲・態度】【知識・理解】
	4 本時	自らの食生活を見直すために，一次で選んだ理想の給食を5つの栄養素に分類し，栄養素に関する基礎的な知識を生かして，食品の組み合わせを工夫することができる。【創意・工夫】【知識・理解】
三次	5	家庭で栄養のバランスがよい食事を作ることができるようにするために，児童の考えた「理想の給食」をもとに，ご飯と味噌汁の栄養的な特徴について知る。【関心・意欲・態度】【知識・理解】
	6・7	家庭で栄養のバランスがよい食事を作ることができるようにするために，お米の水加減を比べたり，透明の容器でお米が炊きあがる様子を観察したりしながら，ご飯を炊く活動を行う。【技能】【知識・理解】
	8・9	家庭で栄養のバランスがよい食事を作ることができるようにするために，味噌汁に必要な三要素（だし・味噌・実）について考えたり，だしの実験をして，その効果について考えたりしながら，味噌汁を調理する活動を行う。【技能】【知識・理解】
	10	家庭で栄養のバランスがよい食事を作ることができるようにするために，味噌汁の実を工夫しながら，ご飯と味噌汁の調理計画を立てる。【創意・工夫】【知識・理解】
	11	日常の食生活を改善する意欲を高めるために，レポートを基に，互いの実践のよさや工夫について交流する。【関心・意欲・態度】【創意・工夫】

5 本単元で扱う学習用語と既習事項

学習用語	既習事項
・3つの食品グループ　・五大栄養素　・主食 ・汁物　・おかず　・一汁三菜　・ごはん ・味噌汁　・だし　・実	・野菜の洗い方・切り方・ゆで方 ・コンロの安全な扱い方　・計量の方法 ・調理の準備・片付け

6 本時の目標
　栄養のバランスを考えて，食品の組み合わせを工夫することができる。　　【生活を創意工夫する能力】

7 本時の展開（4／11）

過程	教師の働きかけ	児童の活動	評価規準及び留意事項
出会う	○前時までの学習を想起させる。 ○一次で児童が考えた「理想の給食」のうち，栄養素が不足しているものを発表する。 ○本時の課題を提示する。	○給食には3つのグループの食品や，五大栄養素がバランスよく含まれていることについて振り返る。 ○食材を五大栄養素に分類し，足りない栄養素があることに気付く。	○本時で活用する既習事項について，学習用語を用いてふり返る。
	「理想の給食」をパワーアップさせよう。		
かかわる	○栄養のバランスをよくするために，組み合わせる食品を考えさせる。 ○どのような組み合わせで栄養素を補うのかについて考えを交流させる。 ○一次で児童が考えた「理想の給食」の栄養素を見直させる。 ○主食をごはんからパンに変更した場合の「理想の給食」について，考えを交流させる。	○不足している「無機質」を補う食品の組み合わせを考える。 ○「無機質」を補うことができる様々な食品があることに気付き，「理想の給食」に組み合わせる。 ○自分の考えた「理想の給食」の食材を5大栄養素に分類し，栄養バランスを確かめる。 ○主食をごはんからパンに変更することで，汁物などの食品の組み合わせを考え，交流する。	○必要に応じて，栄養教諭が補足説明をする。 栄養のバランスを考えて食品の組み合わせを工夫することができる。（記述） ○栄養教諭と協力して机間指導をする。 自分の好みを考えて食品の組み合わせを工夫することができる。（記述）
	かかわりの手立て ・足りない栄養素を補ったり，理想の給食のメニューを考えたりする活動を行うことによって，栄養バランスをとるためには，五大栄養素を意識して食品を組み合わせる必要があることに気付かせたい。 ・食品の組み合わせを考えることが出来ていない児童に対しては，周りの児童と意見を交流することによって考えを持たせたい。また，栄養素に関して悩んでいる児童には，栄養教諭から助言をしてもらう。 ・最後に，児童の日常の給食の食べ方について考えさせるために，栄養教諭が給食の献立の工夫や願いについて話す。		
見つめる	①理想の給食は，五大栄養素を意識して，栄養のバランスをとることが大切。 ②足りない栄養素があるときには，五大栄養素を意識して，食品の組み合わせを工夫する。		
	○次時への見通しを持たせる。	○次時からは，栄養のバランスがよい食事を作るための技能を身に付けていくことを知り，学習への意欲と見通しをもつ。	○栄養教諭が献立の工夫と願いを話す。

8 板書計画

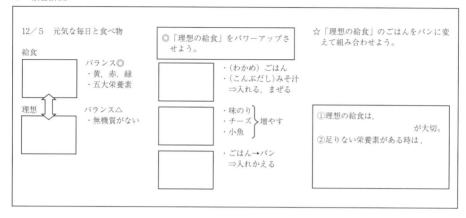

授業の解説

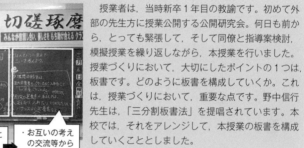

授業者は，当時新卒1年目の教諭です。初めて外部の先生方に授業公開する公開研究会。何日も前から，とっても緊張して，そして同僚と指導案検討，模擬授業を繰り返しながら，本授業を行いました。授業づくりにおいて，大切にしたポイントの1つは，板書です。どのように板書を構成していくか。これは，授業づくりにおいて，重要な点です。野中信行先生は，「三分割板書法」を提唱されています。本校では，それをアレンジして，本授業の板書を構成していくこととしました。

どのように三分割をしたのかを説明していきます。左の吹き出しを御覧ください。

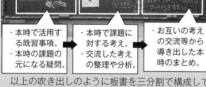

以上の吹き出しのように板書を三分割で構成してみました。この「三分割板書法」には次のようなメリットがあります。

- 三分割で授業を考えることができる。
  （日常における短時間教材研究が可能）
- 授業の流れが可視化され，見通しがもてる。
- 既習事項，課題解決の手がかりが書かれている。

他にも様々なメリットがあるでしょう。いずれにしても板書の構成をある程度フォーマット化しておくと，日常授業における教材研究も効率的に行えるようになります。授業者である新卒1年目の教諭も，立派に公開授業デビューを飾ることができました。

（渋谷）

14 音楽科学習指導案（5年）

1 単元名「音のスケッチ」～インターロッキングの音楽をつくろう～
2 単元の構想
「インターロッキング」とは，あるリズムや旋律を繰り返し演奏し，互いにかみ合わさるように音が重なり，変化していく音楽である。5年生の子どもたちはこれまで，授業の始まりの時間を使って，4拍子の簡単なリズムを手拍子で表現する活動をしてきた。その中で，「拍子」を感じたり「リズム」を感じたりし，音楽の基礎について理解をしてきた。『こきょうの人々』では，和音の学習から発展させ，1人1小節の旋律を4人でリレーさせることで，和音にあった旋律づくりを楽しむことをした。最初は全員同じ「音」「リズム」での旋律づくりから，いくつかの「音」「リズム」に限定する中での旋律づくりへと発展させていった。学習指導要領の音楽づくりの内容アには，「いろいろな音楽表現を生かし，様々な発想をもって即興的に表現すること」とあり，特に「即興的」を意識して行った。子どもたちの演奏は「音の限定」はそれほど外れることがなかったが，「リズムの限定」からは独自性を出す児童が見られた。
学習指導要領　音楽科　目標（2）には，次のように書かれている。

> 基礎的な表現の能力を高め，音楽表現の喜びを味わうようにする。

さらに，第5学年及び第6学年　音楽づくりの内容イには，「音を音楽に構成する過程を大切にしながら，音楽の仕組みを生かし，見通しを持って音楽をつくること」とある。これらの目標及び内容に基づき，<u>音楽の仕組みを手がかりとしてグループでインターロッキングの音楽をつくることにより，まとまりのある音楽をつくることの楽しさや，友達とかかわりながら音楽をつくることの楽しさを味わわせること</u>をねらいとする。
学習は，まず「インターロッキングの音楽」の鑑賞から始める。そこで，この音楽の楽しさやよさ，意外性，不思議さ等を感じ取らせるようにする。インターロッキングの音楽づくりは，手拍子を基本とし，拍子は4拍子に限定する。まず，2人でかみ合わせを考えながら音楽づくりをする。実際に活動を行うことにより，鑑賞で感じたことから，実際に自分が演奏することの面白さへと変化していくことだろう。学習はそこから，「音楽の仕組み」を生かした内容へと発展させていく。児童は『星笛』で「かけ合い」と「重なり」について学習し，そこでの旋律による音楽づくりを楽しんできた。このインターロッキングでも，学習した「かけ合い」と「重なり」を生かせるような演奏ができるよう，手拍子と同じリズムで演奏するシロフォン等を加え，5人1組のグループでの音楽づくりを行う。手拍子と音階のある楽器とのかけ合いや重なり，曲の始まり方や終わり方，強弱，強弱の変化にも着目させていきたい。また，シロフォン等を加えることにより，手拍子だけではない「音色」にも着目することができるだろう。学習の最後には，グループによる発表会を行う。本単元は，インターロッキングの音楽であり，この音楽の特性から1人で演奏することはできない。子どもたちは，インターロッキングの音楽の面白さに加え，友達と音楽をつくることのよさを感じることができるであろう。

3　単元の目標

音楽への関心・意欲・態度	音楽表現の創意工夫	音楽表現の技能	鑑賞の能力
◇インターロッキングの音楽について関心をもち，仕組みを理解して音楽をつくったり，鑑賞したりする活動に主体的に取り組もうとしている。	◇音楽の仕組みを生かしながら，音の重なりや組み合わせを工夫し，どのように音楽をつくるかについて見通しを持っている。	◇かみ合わさっているリズムを拍の流れにのり，表現したり音を音楽に構成したりしている。	◇音型がかみ合わさっているインターロッキングの仕組みを聴き取り，面白さを感じ取ったり，楽曲の構成を理解したりして味わって聴いている。

4　指導計画（全6時間／本時5時間目）

時間	主な学習活動
1	インターロッキングの音楽づくりへの関心をもたせるために，「ケチャ」や「クラッピングミュージック」を聴き，共通点や面白さに気付かせる。　　　　　　　　　　　　　　　　　　　　　　　【鑑賞】
2	インターロッキングの音楽づくりの見通しをもたせるために，かみ合わせに気を付けながら2人で手拍子やシロフォン等で演奏を楽しむ。　　　　　　　　　　　　　　　　　　　　　　　【創意工夫】
3	響きのおもしろさを感じさせるために，5人一組のグループでリズムのかみ合わせを話し合ったり練習をしたりする。　　　　　　　　　　　　　　　　　　　　　　　　　【創意工夫】【技能】
4	音楽の仕組みを生かした音楽づくり活動ができるようにするために，5人一組のグループで話し合ったり練習をしたりする。　　　　　　　　　　　　　　　　　　　　　　　【創意工夫】【技能】
5 本時	今後の音楽活動への見通しをもつことができるようにするために，中間発表をし，改善点を話し合う。また，改善点を基にもう一度グループで話し合い，練習をする。　　　　　　　【創意工夫】【技能】
6	各グループの音楽づくりのよさや，インターロッキングの面白さについて感じ取る事ができるようにするために，最後の発表会を行う。　　　　　　　　　　　　　　　　　　　　　　【技能】

5　本単元で扱う学習用語と既習事項

学習用語	既習事項
・かけ合い　・重なり　・始まり　・終わり　・音色	・4拍子のリズム

6　本時の目標
　中間発表をして改善点を基にグループで話し合うことにより，よりよい音楽づくりへの見通しをもつことができる。　　　　　　　　　　　　　　　　　　　　　　　　　　　　　　　【創意工夫・技能】

7 本時の展開（5／6）

過程	教師の働きかけ	児童の活動	評価規準及び留意事項
出会う	○前時までの学習内容を想起させる。	○音楽遊びをする。 ○グループでの活動を確認し，練習をする。	○本時へのつながりや，年間を通した音楽の力を身に付けさせるような活動をする。
	仕組みを工夫して，演奏しよう		
かかわる	○ルールを説明し，グループで活動させる。 ○各グループをまわりながら，アドバイスをする。 ○できた音楽をグループごとに演奏させる。	かかわりの手立て 　各グループは，ワークシートを基に音楽の仕組みを生かしながら組み合わせを工夫して音楽づくりに取り組む。グループの仲間と交流しながら今後の自分たちの演奏に生かしていこうとしたり，よりよくしたりしようとする意識を持つことができるだろう。 ○グループの仲間とワークシートを基に，仕組みを工夫しながら音楽づくりをする。 ○各グループの演奏を聴き合ったり，感想を言い合ったりする。	
	仕組みを工夫して演奏すると，まとまりのある音楽ができる		
見つめる	○よりよい音楽を目指して，グループで話し合いと練習をさせる。	○アドバイスを基に，グループでの話し合いをし，よりよい演奏となるよう練習をする。 音楽の仕組みを生かしながら，グループの友達と話し合いと練習をすることにより，まとまりのある音楽をつくることができる。 　　　　　　　　　（意見，グループでの話し合い，練習）	

8 ワークシート

インターロッキングの音楽をつくろう

重なり？
かけ合い？
重なりとかけ合い？

しくみを工夫して、演奏しよう

なまえ（　　　　　　　　）

	はじめ	なか（全部で　　回やる）	おわり
①			
②			
①			
②			
③			

みんなからのアドバイス

今後に向けて

パターン例（重なりとかけ合い）

	はじめ	なか（全部で　　回やる）	おわり
①		1回　休み　2回	
②			
①		休み　1回　2回	
②			
③		4回	

授業の解説

　本単元は「インターロッキング」という，あまり耳慣れない題材を扱ったものです。しかし，指導案を見ていただくと「インターロッキング」の授業ではなく，あくまで「音楽づくり」の授業であることがわかります。「インターロッキング」という題材を通して，「音楽づくり」の能力を高め，楽しさを味わうことが大切なのです。授業は，子どもたちに力を付けるための営みです。その目的を忘れたとき，「活動あって学びなし」の授業に陥ってしまうのです。　　　　　　　　　　　　　　　　　　　　　　　　　（渋谷）

15 算数科学習指導案（6年）

1 単元名「比」
2 単元の構想

　児童は，これまでに倍や割合，分数などの学習で，2つの数量AとBの割合を表す場合に，A，Bの一方を基準量として「AはBの2倍である」，「BはAの2分の1にあたる」というように，1つの数で表すことを学習してきた。基礎的な計算（整数倍，小数倍）については個人差があるものの，ほとんどの児童ができる。しかし，もとの数の何倍になっているかという考え方や，比べる量やもとにする量の関係についての問題に苦手意識をもっており，2つの量の関係が十分にとらえられていない児童が多い。

　本単元では，2つの数量の割合を表す場合に，どちらか一方を基準量とするのではなく，2つの数の組で表す方法として，比の意味や表し方を指導する。比の考えは，割合の学習はもとより，比例と反比例，除法の性質，分数の性質とも結び付くものである。比は，日常生活の様々な場面でも活用されるものなので，具体的な場面と関連させて，表した比がもとの比と同じ割合であることを調べたり，もとの比と同じ割合の比をつくったりできるようにすることが大切である。比の相等や比の値，比を簡単にすること，比例配分の考えを指導していく。

　学習指導要領の「D数量関係（1）比」の目標は，次のように書かれている。

> 比について理解できるようにする。

　この目標に基づき本単元では，「数量の関係を比で表したり，等しい比の性質を利用して問題を処理したりする力」を児童に身に付けさせたい。

　上記の力を身に付けさせるため，本単元は3次で構成する。

　1次では，具体物を用いながら場面を捉えさせることで，量がそのまま割合を表す比になることに気付かせる。比の値の意味をしっかりと理解させ，比や比の値の求め方を説明する活動を取り入れ，定着を図る。

　2次では，等しい比の性質を発見させたり，比を簡単にする方法に気付かせたりする。児童の思考力を高める手立てとしては，比が等しいかどうかの判断について，説明し合う活動を取り入れる。

　3次では，1次と2次の学習内容を活用して練習問題を解いていく。ここでは，問題場面をイメージして数の大きさを量としてとらえさせるように，線分図での表し方を指導する。比の性質を用いた考え方を振り返りながら問題を解くことで，2つの数量の割合を数値のまま用いて表せるという比の便利さ・よさを感じ取らせたい。

3 単元の目標

関心・意欲・態度	数学的な考え方	技　能	知識・理解
◇身のまわりから比を見付けたり，比のよさに気付き，進んで生活や学習に活用しようとしている。	◇比を割合と関連付けて考えている。	◇2つの数量の関係を調べ，比で表すことができる。	◇比の意味や表し方，比の相等について理解している。

4 指導計画（全9時間／本時5時間目）

	時間	主な学習活動
一次	1・2	比の意味と表し方，比の相当関係，比の値について理解するために，ミルクコーヒーのミルクとコーヒーの量の割合を考え，比を用いて表す。　　　　　　　　　【関・意・態】【考】【知・理】
二次	3	等しい比の性質について理解するために，等しい比2：3と4：6の関係を調べ，等しい比のつくり方を考える。　　　　　　　　　　　　　　　　　　　　　　　　　　　　　　【知・理】
	4	比を簡単にすることについて理解するために，等しい比の性質を利用して，できるだけ小さい整数同士の比で表すことを考える。　　　　　　　　　　　　　　　　　　　　　　　　【技】
三次	5 本時	比がわかっている場合に，比の意味や等しい比のきまりを基に，一方の量から他方の量を求める方法を理解するために，長方形の縦と横の長さの比と，横の長さがわかっているときの縦の長さの求め方を考える。　　　　　　　　　　　　　　　　　　　　　　　　　　　　　【考】
	6	部分同士の比がわかっている時に，全体の数量から部分の数量を求める方法を理解するために，くじの数が120本で，当たりとはずれの比が3：7になるときの当たりくじの本数を考える。　　【考】
	7	3つの量の割合を比で表せることを理解するために，練習問題を解く。　　　　【技】【知・理】
	8	比を活用して日常の事象を解決することができるように，写真の中の身長と校門の高さの比を用いて，入学したときの身長を調べる方法を考える。　　　　　　　　　　　　【関】【考】
	9	単元の学習内容の定着を図るために，問題を解く。　　　　　　　　　　　　【技】【知・理】

5 本単元で扱う学習用語と既習事項

学習用語	既習事項
・比　・：　・A対B　・x ・比の値」・等しい比　・比は等しい ・比を簡単にする　・線分図 ・できるだけ小さい整数どうし　・比例配分 ・3つの数の比	・割合　・最大公約数　・〜倍 ・最小公倍数　・比例　・数直線 ・長方形

6 本時の目標
　比の意味や等しい比の性質を基に，一方の量から他方の量を求めることができる。　　【数学的な考え方】

7 本時の展開（5／9）

過程	教師の働きかけ	児童の活動	評価規準及び留意事項
出会う	○前時までの学習を想起させる。 ○問題を提示する。 ○本時の課題を把握させる。	○比の性質について確認する。 ・a：bの比の値は，a÷bの商になる。 ・同じ数でかけたり，割ったりしてできる比は，すべて等しい比になる。 縦と横の比が3：4になるように旗を作ります。横の長さを60cmとするとき，縦の長さは何cmにすればよいでしょうか。	○導入部分なので，誰もが，発言できるような雰囲気をつくる。 ○比の性質を示し，児童に説明させながら確認させる。
	比を使って，（一方の）数量を求める方法を考えよう。		
かかわる	○どのようにしたら求めることができるか考えさせる。 ○考え方を発表させる。 　（ペア）→（全体）	○自分の考えをノートにまとめる。 ①割合の考えを使う 　60÷4＝15（1にあたる量） 　15×3＝45　　　A．45cm ②比の値を使う 　3：4の比の値　$\frac{3}{4}$ 　$60×\frac{3}{4}=45$　　A．45cm ③等しい比の性質を使う 　3：4にそれぞれ15をかけると 　45：60になる。　A．45cm ○（ペア）→（全体）で話し合う。	○1つのやり方で解けた児童には，他に方法はないかを考えるように促す。 ○問題を解くだけではなく，その方法をわかりやすく説明することも大切だということを伝える。 比がわかっている場合に，比の性質を基に，一方量から他方の量を求める方法を考えている。 （ノート・発言）
	かかわりの手立て 　3つの解き方とも，答えが同じになることを押さえ，どの方法が1番よいかということにこだわらず，様々な考えを検討させていく。		
見つめる	○学習のまとめを考えさせる。	○本時をふり返り，学習のまとめをノートに書く。	
	比を使って，（一方の）数量を求めるには 　・割合の考え 　・比の値　　　｝を使うと求めることができる。 　・等しい比の性質		
	○たしかめ問題を解かせる。 ○練習問題を解かせる。	○1番考えやすい方法を選び，問題を解く。 ○プリントの練習問題を解く。	比の一方の数量を割合の考えや，比の値，等しい比の性質を用いて求めることができる。（プリント）

8 板書計画

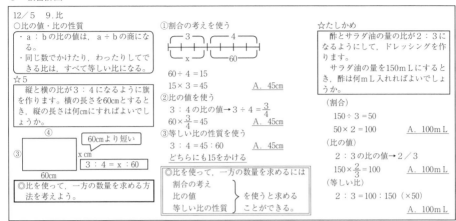

授業の解説

本時のねらいは「比を使って，一方の数量を求める方法を考える」ことです。

算数科において大切なのは，課題を解決する方法を多面的に考えていく，ということです。子どもたちが「こんな考えで解くことができた。」「でも，こんな考えでも解くことができそうだよ。」と意見を出し合う授業です。そして，「複数の解決方法の中で，より効率的に解決できるものはどれか。また，自分にとって行いやすい方法はどれか。」ということを検討していく授業です。

そのような授業を志向していくためには，教師主導ではなく，子どもが主体的に課題解決にかかわっていくことを求めていかなければなりません。そのために，授業者はＡ４の紙を活用しました。ペアで話し合った解決方法をＡ４の紙に書かせ，黒板に位置付けたのです。なんということはない光景かもしれません。しかし，この授業行為がとても重要なのです。お互いの意見を音声言語で出し合うのではなく，文字言語で表現し，全体の学習ステージである黒板にしっかり自分たちの考えが位置付いている。そして，それらを基に検討をしていく。そんな授業を可能にしたのが，どこにでもあるＡ４の紙だったのです。現在ではマグネット付きのミニホワイトボードもあります。それらのツールを使用することによって，子どもたちが主体的にかかわる授業になり得ることを示した授業でした。　　　　　　　　　　（渋谷）

16 国語科学習指導案（6年）

1 単元名「物語について語り合い，その世界を楽しもう」（中心教材『きつねの窓』）
2 単元の構想

　子どもたちは6年生になり，文学的作品『川とノリオ』を通し，登場人物の心情の変化や比喩，体言止め，繰り返し，色彩などの表現方法の工夫や文章構成について自分の考えをもち，交流する学習を行った。新しく読む物語の中からこれらの表現を見付け，そこから読みを深めることは難しかったが，友達の考えを聞くことで，新たなことに気付いて考えを広げたり，深めたりすることができ，話し合いながら考えるよさに気付くことができた。しかし，積極的に発言をする力は不十分である。

　本単元は，日常の読書の世界を深めることを目的としている。読書の世界を深めるためには，1つの物語の世界にどっぷりと浸かり作品を深く味わうことと，たくさんの物語を読み，比べたり関連付けたりしながら様々な世界を味わうことが必要であると考える。本単元の教材文『きつねの窓』は，不思議な世界に迷い込むファンタジー作品である。その不思議な世界で起こる不思議な出来事は子どもたちにとってとても魅力的である。叙述を基に，読み手が自由に想像することができるファンタジー作品の楽しさを交流し合うことで，より深く物語の世界を楽しむことができると考える。また，日頃子どもたちが読んでいる作品について語り合うことで，たくさんの物語の世界を味わうこともできる。本単元を通し，2通りの本の楽しみ方を体験することで，子どもたちの読書の世界が深まっていくと考えられる。

　小学校学習指導要領　国語科　第5学年及び第6学年「C　読むこと」の目標には，次のように示されている。

> （3）目的に応じ，内容や要旨をとらえながら読む能力を身に付けさせるとともに，読書を通して考えを広げたり深めたりしようとする態度を育てる。

　この目標に基づき，本単元では「登場人物の関係や表現方法の工夫などに着目し，叙述を根拠に自分の考えをまとめる力」と「本を読んで考えを発表し合い，考えを広げたり，深めたりする力」を身に付けさせていく。

　そのために，「読書座談会」を言語活動として，三次構成で学習を進めていく。読書座談会は子どもたちが考えたテーマについて，少人数のグループごとに話し合う学習である。それぞれが話し合ったことを授業の最後に交流することによって，多くの考えを聞き，物語の世界を広げていく。

　一次では，『ふしぎの国のアリス』を用いて読書座談会の仕方を考えることで学習の見通しをもたせる。

　二次では，『きつねの窓』で読書座談会を行う。ストーリーマップを作成し，そこから話し合いのテーマを考え，学級全体で1つの作品を用いて読書座談会を行うことによって，読書座談会のやり方がわかり，どのような視点で自分の考えをもつことができるのかを理解することができる。

　三次では，子どもたちがこれまで朝読書の時間などで読んできた本のブックリストを基に，グループごとに違う本で読書座談会を行う。『きつねの窓』で学習したことを，他の作品でも行うことで，習得した力を活用することができるようにする。また，違う作品で行うことによって，読書の幅を広げることができ，日常の読書がさらに楽しくなっていくと考えられる。

3 単元の目標

国語への 関心・意欲・態度	読むこと	伝統的な言語文化と 国語の特質に関する事項
◇本を読んで考えたことを発表し合い，考えを広げたり，深めたりしようとしている。	◇登場人物の相互関係や心情，場面についての描写をとらえ，優れた叙述について自分の考えをまとめることができる。 ◇本や文章を読んで考えたことを発表し合い，自分の考えを広げたり，深めたりすることができる。	◇語感，言葉の使い方に対する感覚などについて関心をもつことができる。 ◇文や文章にはいろいろな構成があることについて理解することができる。 ◇比喩や反復などの表現の工夫について気付くことができる。

4 指導計画（全11時間／本時7時間目）

	時間	主な学習活動
一次	1	学習への見通しをもつために，学級全体で『不思議の国のアリス』を用いてあらすじマップ作り，テーマ決め，話し合う模擬読書座談会を行う。　　　　　　　　　【関・意・態】【読むこと】
二次	2	あらすじを確認するために，『きつねの窓』のストーリーマップ作りをする。
	3	読書座談会でのテーマを決めるために，表現方法や構成，登場人物の心情変化など心を動かされたところについて話し合う。　　　　　　　　　　　　　　【読むこと】【伝国】
	4	『きつねの窓』について自分の考えを深めるために，比喩や色彩，情景描写などの表現方法の工夫について叙述を根拠に考えを話し合う。　　　　　　　　　【読むこと】【伝国】
	5	『きつねの窓』について自分の考えを深めるために，ぼくと白ぎつねの子供の相互関係について叙述を根拠に話し合う。　　　　　　　　　　　　　　　　　　　【読むこと】
	6	『きつねの窓』について自分の考えを深めるために，なぜきつねは鉄砲をもらったのかについて叙述を根拠に考えを話し合う。　　　　　　　　　　　　　　　　【読むこと】
	7 本時	『きつねの窓』について自分の考えを深めるために，「ぼくにとっての窓とは」について叙述を根拠に考えを話し合う。　　　　　　　　　　　　　　　　　　　【読むこと】
三次	8	読書座談会で話す自分のテーマを決めるために，ストーリーマップ作りを行う。【読むこと】
	9・10	読書座談会を行うために，自分のテーマについて自分の考えをまとめる。　　【読むこと】
	11	本を読んで考えたことを発表し合うことで考えを深めたり広げたりするために，読書座談会を行う。　　　　　　　　　　　　　　　　　　　　　　　　【読むこと】【伝国】

5 本単元で扱う学習用語と既習事項

学習用語	既習事項
・ファンタジー　・読書座談会　・ブックリスト	・比喩，反復，色彩表現，情景描写などの表現方法 ・文章の構成　・登場人物の相互関係と心情変化

6 本時の目標
　僕にとっての窓とは…について，叙述を根拠に考えを話し合うことで，『きつねの窓』についての自分の考えを深めることができる。　　　　　　　　　　　　　　　　　　　　　　　　　　　　　【読むこと】

7 本時の展開（7／11）

過程	教師の働きかけ	児童の活動	評価規準及び留意事項
出会う	○前時までの学習を想起させ，ストーリーマップを基に本時の座談会のテーマについてノートに記述させる。	○前時までの学習内容を想起し，ぼくにとっての窓とは何かについて，自分の考えをノートに書く。	○ストーリーマップを見たり，前時までの座談会の話し合いを想起したりしながら，読書座談会でこれを伝えたいという思いをもたせる。
	読書座談会をしよう。～ぼくにとっての窓とは…～		
かかわる	○教科書のページと行数も書かせ，話し合いのときに確認し合えるようにする。 ○自分の考えと友達の考えの相違点を考えながら話し合わせる。	○自分の考えの根拠となる箇所を付箋に書き出す。 ○付箋に書いたことを出し合い，テーマについて班で話し合う。	
	かかわりの手立て ・人と考えが違ってもよい。叙述に即していても，違う考えになるからこそ，『きつねの窓』（ファンタジー作品）を読むことが面白いと感じさせる。 ・1つの作品について，テーマをもって話し合うことの面白さを気付かせていく。 ・選んだ叙述を示しながら話すことで，互いを理解しながら話し合わせる。		
	○グループの代表に，話し合った内容の要旨を発表させる。 ○新たに気付いたことや，同じだと思ったことを交流させる。	○グループで話し合った内容について発表する。 ○それぞれの班の考えを聞いて，学級全体で話し合う。	叙述を基にノートに自分の考えを書くことができる。根拠となる叙述については，「ぼくの境遇」「きつねとのかかわり」「窓に映る情景」「登場人物の心情」などを2つ以上関連させて書けていればよい。 （ノートの記述）
見つめる	ぼくにとっての窓とは，もう二度と会うことができない，大切な思い出が写る窓だと思います。なぜなら，ぼくが思いだしている，もう二度と会えない女の子や家族が写ったからです。		○ぼくにとっての窓の解釈とその根拠は，数通り考えられるため，まとめの内容は一例である。
	○話し合ったことを踏まえて，考えと根拠を記述させる。	○話し合ったことを基に，改めて自分の考えとその根拠をノートに書く。	

8 板書計画

十二月五日（金）
◎物語について語り合い、その世界を楽しもう
◎読書座談会をしよう。
〜ぼくにとっての窓とは…〜

・きつねはもう一度母さんに会いたかった
・決して会うことのできない少女
・胸がどきどき
・母がでてくるんじゃないか
・いく日も山の中をさまよい
・ひょっとして何か見えやしないか
・きつねは母さんが見えた
・悲しい話
・感激して
・死んだ妹の声　・せつなくなった
・僕の家は焼けた
・きつねはさみしくなくなった
・一人ぼっちだから
・とりとめなく考えて
・胸をときめかせて
・昔大好きだった
・お礼をはらおうと　・なんでもやるよ
・すっかりいい気分
・なつかしい庭
・いつまでも大切にしたい
・がっくりとうなだれて　・鼻歌

| そんな窓がほしい・すてきな窓・鉄砲は少しもおしくない |

| もう二度と会えないけれど、もう一度会いたい人 | 死んでしまった大切な人 | たまに思い出している人 | 大切な思い出 |

授業の解説

本単元における言語活動は「読書座談会」です。授業者は「読書座談会」について，次のように定義しています。

「読書座談会は子どもたちが考えたテーマについて，少人数のグループごとに話し合う学習である。それぞれが話し合ったことを授業の最後に交流することによって，多くの考えを聞き，物語の世界を広げていく。」

（「2　単元の構想」より）

「読書座談会」は，指導が難しい言語活動の1つです。そんな「読書座談会」を充実した言語活動にしていくためのヒントが授業者の定義の中に表れています。

1つ目は，テーマを明確に設定し，そしてそれらを子どもたちが決めていく，ということです。何を話し合うか，何を話し合いたいか，ということが十分に練られないと，座談会の焦点が定まりません。

2つ目は，少人数のグループで話し合う，ということです。座談会は作品について，自分の考えを十分に語ることが大切です。ですので，発言の時間や量が確保しやすい少人数グループのほうがよいですし，肩ひじ張らない雰囲気で進められることができます。

3つめは，写真の中にヒントがあります。子どもたちは付箋を指しながら座談会を進めています。「ここ，いいね。自分もそう思った！」「ここ，そうかなあ…。」などの声が今にも聞こえてきそうです。自分の考えたことを付箋などに書き出し，それらを基に座談会を進めることが大切なのです。

（渋谷）

17 理科学習指導案（6年）

1 単元名「月と太陽」
2 単元の構想

児童は，6年生になってから「燃焼の仕組み」や「てこの規則性」の単元を通して，物の質的変化やてこの規則性について推論する学習を行ってきた。また，「植物の養分と水の通り道」の単元では，前学年で学習した「条件制御」の考え方を用いた比較対照実験，「水溶液」の単元では，5種類の水溶液を性質の違いから特定する実験計画を立てる学習を行い，実験の技能を少しずつ身に付けてきている。

本単元「月と太陽」は，「太陽と地面の様子」（第3学年），「月と星」（第4学年），に続く「地球（地球の周辺）」の単元である。これまでの学習で，地球から見た月は，太陽と同じように東の方から昇り，南の空を通って西の方に沈むように見えることや，三日月や満月など日によって月の形が変わって見えることを学習している。しかし，月の形が変わる理由を太陽との位置関係で考えている子どもは，少ないと考えられる。また，本単元は，「地球」の他の単元と同様に，対象とするものの規模が大きいことや全員が同じように観察することが困難な単元であることから，モデル実験やICTを活用しながら学習を進めていくことを考えている。モデル実験については，「土地のつくりと変化」の単元で堆積実験の学習を行ってきているが，モデルと実際の現象との関連付けをスムーズにできる児童と，そうでない児童がいるのが現状である。

小学校学習指導要領　理科　第6学年の内容B（5）月と太陽には次のように示されている。

> 月と太陽を観察し，月の位置や形と太陽の位置を調べ，月の形の見え方や表面の様子についての考えをもつことができるようにする。
> ア　月の輝いている側に太陽があること。また，月の形の見え方は，太陽と月の位置関係によって変わること。
> イ　月の表面の様子は，太陽と違いがあること。

この内容に基づき，本単元では特に，「天体について興味・関心をもって追求する活動を通して，月の位置や形と太陽の位置関係を推論する能力を育てるとともに，それらについての理解を図り，月の形の見え方や表面の様子についての見方や考え方」を児童に身に付けさせたい。

子どもたちに上記の力を身に付けさせるために，一次では，観察したことを基に月の形の見え方を推論するとともに，モデル実験の結果から，月の位置や形と太陽の位置関係を図に表現する活動を行う。このとき，第4学年での「月と星」で学習した，「日によって三日月や満月など月の形が変わって見えること」と「1日の動きの中では月の形が変わらなかったこと」を想起させる。月と太陽の位置関係の違いに気付くことで，月と太陽の位置が，月の形の見え方とどのように関係しているかに疑問をもち，単元の学習の見通しをもつ。モデル実験では，月に見立てた球体と太陽に見立てた光源の位置関係と見え方を調べ記録することで，実際の月の形の見え方を理解する。二次では，月の表面の様子について，図書資料や映像資料を活用しながら，地球や太陽の表面との違いを比較する活動を通して理解を深める。

3 単元の目標

関心・意欲・態度	科学的な思考・表現	観察・実験の技能	知識・理解
◇月の形の見え方や表面に興味・関心をもち、自ら月の位置や形と太陽の位置、月の表面の様子を調べようとしている。	◇月の位置や形と太陽の位置、月の表面の様子について調べ、自ら調べた結果と予想や仮説を照らし合わせて推論し、自分の考えを表現している。	◇月の形の見え方や月の表面について、必要な器具を適切に操作したり、映像や資料、模型などを活用したりして調べている。	◇月の表面の様子は、太陽と違いがあることを理解している。 ◇月の輝いている側に太陽があることを理解している。 ◇月の形の見え方は、太陽と月の位置関係によって変わることを理解している。

4 指導計画（全6時間／本時3時間目）

	時間	主な学習活動
一次	1・2	月の形の見え方の変化の要因には、月と太陽の位置が関係しているという見通しをもつことができるように、これまでの学習や月の観察結果、写真を基に話し合う活動を通して、月と太陽の違いや形について考えたり見え方を予想したりする。 【関・意・態】【思考・判断】
	3・4 本時	月の形の見え方は、月と太陽の位置関係によって変わることを理解するために、モデル実験を行い、その結果を記録する。また、得られた事実を説明する活動や継続して月と太陽を観察することを通して理解を深める。 【技能】【知識・理解】
二次	5・6	月や太陽・地球の表面の様子について理解を深めることができるように、月や太陽・地球の表面について、図書資料や映像資料を活用して調べる活動を行う。 【思考・判断】【知識・理解】

5 本単元で扱う学習用語と既習事項

学習用語	既習事項
・月の形の見え方　・月と太陽の位置関係 ・モデル実験　・太陽の近く　・太陽からはなれる ・細くなる　・丸くなる　・クレーター	第4学年「月と星」 ・三日月、半月、満月 ・月の形の見え方は、日によってちがう

6 本時の目標

　太陽のある側が光って見えることを意識しながらモデル実験を行い、月と太陽の位置関係で月の形の見え方が変わることをとらえられるようにする。

【技能】【知識・理解】

7　本時の展開（3／6）

過程	教師の働きかけ	児童の活動	評価規準及び留意事項
出会う	○前時までの学習内容を想起させる。	○前時までの学習内容を想起し，学習することを確認する。	○前時までの学習をふり返る。また，本時の学習過程を意識させる。
	月の形の見え方は，月や太陽の位置とどのような関係があるのだろうか。		
	○月の見え方の変化を調べる方法について考えさせる。	○モデル実験の方法を考える。	
かかわる	○モデル実験で月と太陽の位置を変えて，月の形の見え方を調べることを明確にする。 ○月と太陽の位置関係が同じ場所からスタートさせる。	かかわりの手立て ・スチロール球を月に，光源を太陽に見立てることを確認し，何をモデルにしているのかを意識させる。 ・月に見立てたスチロール球の見え方の1つを映像で確認し，ワークシートへの記録の仕方を示す。 ・実験を個別化することで，一人一人が見え方を確認しながら調べられるようにする。	
	○観察したことと実験結果が一致しているか確認する視点をもたせる。	○月の形の見え方をワークシートに記録する。 ○記録したことをグループで交流し，見え方や記録の仕方を確認する。	光源の位置と球体の見え方に注意して実験を行い，月の形の見え方と太陽の位置関係をとらえることができる。 （ワークシート）
見つめる	○結果から結論を導き出させる。 ○学習用語「太陽の近く（太陽からはなれる）」「細くなる(丸くなる)」をおさえる。	○学習用語「太陽の近く（太陽からはなれる）」「細くなる（丸くなる）」を使って，結論を記述する。	○本時の学習の成果を明確にし，次時への意欲や見通しをもたせるようにする。
	月の形の見え方は，太陽に近づくと細くなり，太陽から離れると丸くなる。		
	○月の形の見え方や見える時間と方角を考えさせ，次時につなげる。	○時刻と太陽の位置をイメージし，月の見える方角や形を考え，次時への見通しをもつ。	

8 板書計画

課題
　月の形の見え方は，月や太陽の位置とどのような関係があるのだろうか。

予想
　太陽に近いとき…
　太陽からはなれると…

調べよう
　月　…ボール
　太陽…

結果

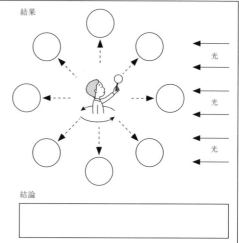

結論

授業の解説

　少し見づらいかもしれませんが，左の写真を御覧ください。子どもたちの机の上に，ボールのような物が複数個載っているのが見えるでしょうか。そして写真の右上には電灯が吊り下げられています。

　本時のねらいは「月と太陽の位置関係で月の形の見え方が変わることをとらえる」ことです。大きなボールなどを用いて，演示実験をし，全員でそれを確認して…，というような授業が一般的かと思います。

　しかし，授業者は，「子どもたち一人一人が，実感を伴った理解をしてほしい。」という願いのもと，月のモデルとなる小さい発泡スチロールのボールを割りばしの先に付け，一人一人に渡したのです。そして，自分自身でそのボールを思い思いに動かしながら，「おお，本当に形が変わって見える！」「こうしたら，どうかな。」「あ～，こうなるんだ。」といった発見や感動が生まれるように工夫したのです。

　その際に，ただ動かしたいように動かすのではなく，見通しをもって実験を行うことができるように，事前に月と太陽の位置関係と月の見え方の予想をさせていました。子どもたちは自分たちの予想を基に，実験を行っていったのです。理科の授業はモノの準備が命，と聞いたことがあります。まさにその通りである授業だったのです。　　　（渋谷）

18 算数科学習指導案（特別支援学級）

1 単元名「たしざん」
2 単元の構想

　本単元「たしざん」では，1位数＋1位数で繰り上がりのある加法計算の仕方を理解し，繰り上がりのある1位数と1位数の計算が確実にでき，用いることができるように求められている。

　小学校学習指導要領　算数科　第1学年の目標には次のように示されている。

> （1）具体物を用いた活動などを通して，数についての感覚を豊かにする。数の意味や表し方について理解できるようにするとともに，加法及び減法の意味について理解し，それらの計算の仕方を考え，用いることができるようにする。

　この目標に基づき，本単元では，1位数＋1位数の繰り上がりのある加法を，絵や図，積み木などの操作を通して理解させたい。また，「たしざんカード（繰り上がり）」を使った遊びを学習に取り入れていくことで，計算することへの抵抗感を減らし，繰り上がりのある足し算の定着を図っていきたい。

　そこで，本単元は三次で構成する。一次では，絵を見て問題作りをすることで，これまでに習った繰り上がりのない足し算とそうでない問題があることに気付かせる。また，動物や花などの絵と積み木を対応させて足し算の式に表わした後，積み木の操作で答えを確かめるなど，既習事項についても丁寧に扱っていく。

　二次では，足される数が「あといくつで10になるか」を考えることで，繰り上がりのある加法の計算の仕方（加数分解）を理解し，計算の練習をする。さらに，足す数を10のまとまりにして計算する場合（被加数分解）もあることを知り，計算の練習をする。その際に，加数と被加数の積み木の色を変え，児童が視覚的に理解しやすいように工夫する。また，加数と被加数のどちらを分けて10のまとまりにすると効率的かという視点も与えていきたい。

　三次では，繰り上がりのある加法の練習をする。計算カードを用いることで，同じ答えになる計算があることに気付く。また，計算カードをトランプのように使う「神経衰弱ゲーム」や，お互いに足し算の答えを言い合うような遊びを取り入れることで習熟を図っていく。子どもたちはできないことや間違うことに抵抗感が強いので，遊びの中で自然に繰り上がりのある足し算が身に付くようにしていきたい。

3 単元の目標

算数への関心・意欲・態度	数学的な考え方	技能	知識・理解
◇繰り上がりのある加法計算の仕方を考えようとしている。	◇1位数＋1位数で繰り上がりのある加法計算の仕方を，積み木や言葉，数，式，図を用いて考えられえる。	◇1位数＋1位数で繰り上がりのある加法計算を具体物の操作によってできる。	◇10のまとまりに着目することで繰り上がりのある加法計算ができることを理解している。

4 指導計画（全10時間／本時4時間目）

	時間	主な学習活動	その他の学習活動
一次	1	1位数＋1位数の問題作りをして，既習の計算とそうでない計算があることに気付く。【関・意・態】【技能】【考え方】	・いくつといくつ（10の合成）・指で足し算・足し算カード（繰り上がりなし）↓
二次	2・3	1位数＋1位数で繰り上がりのある加法を理解する（加数分解）。計算の練習をする。【知識・理解】	
	4・5 本時	1位数＋1位数で繰り上がりのある加法を理解する（被加数分解）。計算の練習をする。【知識・理解】	
三次	6・7	1位数＋1位数で繰り上がりのある加法の文章問題を練習する。【考え方】【知識・理解】	
	8～10	1位数＋1位数で繰り上がりのある加法の練習をする。足し算カードで遊ぼう。【関・意・態】【知識・理解】	

5 本単元で扱う学習用語と既習事項

学習用語	既習事項
・10のまとまり ・ばら ・あと○つで10 ・□を○と△にわける	・たしざん（繰り上がりなし）・ひきざん（繰り下がりなし） ・いくつといくつで10 ・3つのかずのたしざん，ひきざん ・30までのかず

6 本時の目標

　1位数＋1位数で繰り上がりのある加法を理解する（被加数分解）。

【知識・理解】

7 本時の展開（4／10）

過程	教師の働きかけ	児童の活動	評価規準及び留意事項
出会う	○学習の予定を知らせる。 　1．さんすうあそび 　2．たしざん 　3．れんしゅうもんだい さんすうあそび ・いくつといくつ ・ゆびでたしざん ・たしざんカード たしざん ☆3 7＋9のけいさんのしかたをかんがえましょう。 10のまとまりをつくって，たしざんをしよう。	○積み木で10の合成を練習する。 ○5までの数の足し算を指で行う。 ○既習の足し算をカードで練習する。	○学習の予定を提示することで，活動の見通しをもたせる。 ○肯定的な評価を与えることで，自信をもたせる。 かかわりの手立て ・ワークシートを用いることで，机上の物を減らし，積み木の操作をしやすくする。 ・加数と被加数の積み木を色分けすることで，どちらを10のまとまりにしたかを意識させる。
かかわる	○9をわけて10のまとまりをつくろう。（前時想起） ○7をわけて10のまとまりをつくろう。	①　7＋9　　②　7＋9 　　　　　　　　　　 　10　3　6　　6　1　10	被加数分解で10のまとまりを作る方法がわかる。 （具体物の操作）
見つめる	10のまとまりをつくるやりかたは2つあるね。 れんしゅうもんだい ○足し算の練習をしよう。 ○次回の学習内容を知らせる。	○ノートに練習問題をする。 ・P.102③　7＋8の計算のしかたを言いましょう。 ・P.102④ 　3＋8　4＋8　3＋9　2＋9 　4＋7　4＋9　5＋9　5＋8	○ノートの空欄を埋める形式で問題に取り組ませる。 ○加数分解と被加数分解の2つの方法を取り扱うが，練習問題については，2つの方法のうちどちらを選択してもよいこととする。

8 　板書計画

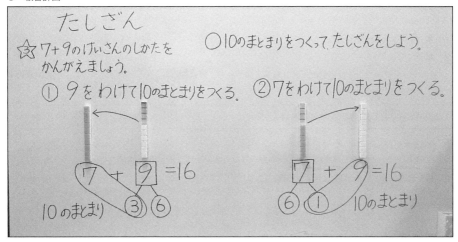

授業の解説

　本単元における授業者の願いは,「1位数＋1位数の繰り上がりのある加法を, 絵や図, 積み木などの操作を通して理解させる」ことでした。
　現在,「授業のユニバーサルデザイン」という考え方が広がっています。どの子どもたちにとっても学びやすい教え方の工夫を行っていこう, という考え方です。「授業のユニバーサルデザイン」における重要な点として,「可視化」が挙げられています。学習内容を見えるようにすることで子どもたちの理解の促進を図ることができます。しかし, 何でも「可視化」したらよいのか, というとそうではありません。子どもたちが学びやすい「可視化」には, いくつかの条件があります。

○「可視化」が学習内容の本質をとらえており, シンプルであること。
○各要素の関係性が, 適切に図解され, 理解しやすくなっていること。
○色を効果的に使用しており, 強調点やポイントが明確になっていること。
○子どもたちが「可視化」されたモデルを活用できるようになっていること。

　上部にある板書計画を御覧ください。本時の授業においても, 同様の板書になりました。この板書は,「授業のユニバーサルデザイン」における「可視化」の条件と考えられるものを, ほぼ満たしているのではないでしょうか。授業者は, このシンプルで本質的な板書にたどり着くまで, 自分の考えに加え, 教科書などを研究し,「子どもたちにとって, どのような『可視化』がよいのか」ということを考え続けたのだと思います。教材研究, 子ども研究に裏打ちされた, シンプルで本質的な板書だったのです。　　　　（渋谷）

19 国語科学習指導案（特別支援学級）

1 単元名「ことばであそぼう」
2 単元の構想
　「特別支援学校学習指導要領解説　第３編第２部第３章　知の各教科」の「第３節　小学校の各教科国語」には，次のように書かれている。

> ２段階（３）　文字などに関心をもち，読もうとする。

　以上のような，２段階（３）における指導の内容と児童の実態に基づき，「ものの名前と絵を一致させ，知っている言葉を増やすと共に，正しく言葉を読む力」を高めていきたい。

　そこで本単元では，「ばらばらカード」を用いた遊び学習を設定する。ばらばらカードとは，１枚に１文字のひらがなや絵の一部が書かれたカードである。このカードを使用する理由は，ひらがな１文字毎に着目させて正しく言葉を読ませたり，氏名以外のひらがなに対しても興味や意欲をもつきっかけにしたりすることができるからである。

　本単元は，二次で構成する。一次は，前単元で使用した言葉を使ってばらばらカードで遊び学習を行う。主な活動として「ひらがなパズル」と「かるた遊び」を設定する。「ひらがなパズル」は，バラバラのカードの絵を完成させ，順番にひっくり返しながら書かれているひらがなを読ませる遊びである。ひっくり返しながら読むことで１文字ずつ丁寧に読むことができる。また，絵と言葉のマッチングも強化することができる。「かるた遊び」は，教師と役割を交代しながら行う。取り手は，読まれた言葉を集中して聞いて正しく並べることができる。読み手は，相手に合わせて，言葉のまとまりやひらがなを意識して読むことができる。

　二次は，ばらばらカードを使った「しりとり遊び」を設定する。しりとりは，言葉の末尾に着目することから，ばらばらカードが有効である。また，学習していないひらがなや言葉に親しむことができる。この活動をきっかけに，話し言葉でしか認識していなかった言葉や知らなかった言葉に触れ，語彙力を高めたいと考えた。

3　単元の目標

関心・意欲・態度	読むこと
◇ひらがなカードを使って，楽しく遊ぶことができる。	◇ひらがなを正しく読むことができる。

4　指導計画（全9時間／本時6時間目）

	時間	主な学習活動	その他の学習活動
一次	1	ばらばらカードを使った活動に慣れるために，50音順に並べたり，自分や家族の名前を並べたりして遊ぶ。【関・意・態】【読むこと】	プリント ひらがなカード ↓
	2	「か」のつく言葉を使って，ひらがなを意識して読ませるために，ばらばらカードの遊び学習をする。【関・意・態】【読むこと】	
	3	「い」のつく言葉を使って，ひらがなを意識して読ませるために，ばらばらカードの遊び学習をする。【関・意・態】【読むこと】	
	4	「と」のつく言葉を使って，ひらがなを意識して読ませるために，ばらばらカードの遊び学習をする。【関・意・態】【読むこと】	
	5	「け」のつく言葉を使って，ひらがなを意識して読ませるために，ばらばらカードの遊び学習をする。【関・意・態】【読むこと】	
	6 本時	「う」のつく言葉を使って，ひらがなを意識して読ませるために，ばらばらカードの遊び学習をする。【関・意・態】【読むこと】	
二次	7	ばらばらカードを使って，たくさんの言葉を覚えるために，言葉づくりをする。【関・意・態】【読むこと】	
	8・9	たくさんの言葉に親しむために，ばらばらカードを使ってしりとり遊びをする。【関・意・態】【読むこと】	↓

5　本単元で扱う学習用語と既習事項

学習用語	既習事項
・ひらがな　・ことば　・ただしくよむ　・しりとり	・ひらがな50音の読み　・氏名のひらがなカード ・かるた遊び

6 本時の目標
・ばらばらカードを使って，楽しく遊ぶことができる。　　　　　　　　【関心・意欲・態度】
・カードに書かれているひらがなを正しく読むことができる。　　　　　　　　【読むこと】
7 本時の展開（6／9）

過程	教師の働きかけ	児童の活動	評価規準及び留意事項
出会う	○学習の見通し 　プリント 　ひらがなカード ○今日のひらがな，頑張ること（めあて）を発表する。 　カードのことばを　ただしく　よもう。 ○「ただしく」の確認をする。	○「う」のプリントをする。 ○「う」のつく言葉のカードを読む。 ○これから学習するひらがなを予想する。	○「う」のプリントやカードで最初の活動を行うことで，後の学習への見通しを持たせる。 ○「ただしく」…ひらがなを1つずつ間違えずに読むこと。
かかわる	○ばらばらカードを1枚ずつ提示する。 ○ばらばらカードの遊びを一緒に行う。 ○今日使用したカードで，言葉づくりをさせる。	○カードのひらがなや絵を確認する。 ○「ひらがなパズル」をする。 ○「かるた遊び」をする。 ○ばらばらカードで，使っていない言葉をつくる。	かかわりの手立て ・「ことばパズル」でわからない時は，裏のひらがなを見てもよいようにし，意欲や興味を低下させないようにする。 ・「かるた遊び」では，教師があえて間違いを提示して指摘させる。 ・児童の様子を見ながら，適度な休憩をはさみ，学習している間の集中が持続できるようにする。
見つめる	○学習した言葉を，再度確認させる。 　カードのことばを，1つずつ　まちがえずに　よめましたね。 　　　　　　　　（ただしく） ○次回，学習する内容を知らせる。時間があれば，次時の活動にふれさせる。	○学習した言葉を読む。 ○今までのカードを使って，言葉づくりをする。	・ばらばらカードを使って楽しく遊ぶことができる。（取組の様子） ・カードに書かれているひらがなを正しく読むことができる。（読み）

8　板書計画

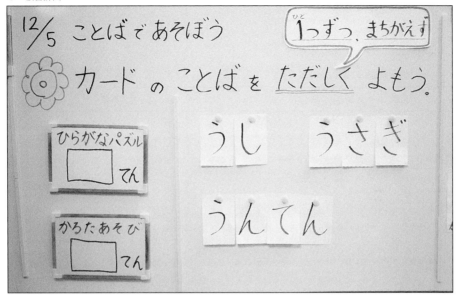

授業の解説

　特別支援教育において，効果的な教材・教具を使用することは，とても大切です。児童の実態に合った，また指導のねらいに合った教材・教具を選択することも，重要な教材研究なのです。本単元における授業者の願いは，「ものの名前と絵を一致させ知っている言葉を増やすと共に，正しく言葉を読む力」を付けることでした。そこで，授業者は，1枚1枚バラバラの，動物などの絵がかいてあるカードを用意しました。そのカードの裏には，動物などの名前が書かれています。子どもは，まず1枚1枚バラバラのカードを集めて，動物などの絵をパズルのように完成させます。それを1枚ずつ裏返していくと，その動物などを表す名前が，1文字ずつ表れる，という仕組みになっているのです。

　授業者は，どうしてこのような教具を考え付いたのでしょうか。それは，「1文字1文字丁寧にひらがなを読ませたい。」「絵と文字をしっかり一致できるようにさせたい。」という，児童の実態に照らした願いがあったからなのです。網走小学校では，どの教育活動でも「ねらい」を大切にします。「こんなねらいだから，この教具を使うのだ。」というプロセスを大切にしているのです。

　授業者は，このようなプロセスを経たからこそ，本単元の教具を考え付くことができたのです。（渋谷）

20 国語科学習指導案（特別支援学級）

1 単元名「言葉をつなげて伝えよう」
2 単元の構想
　小学校学習指導要領国語科　第1学年及び第2学年「B書くこと」の内容に次のように書かれている。

> （1）ウ　語と語や文と文との続き方に注意しながら，つながりのある文や文章を書くこと。

　この内容と児童の実態に基づき，本単元では，「主語と述語の照応に気を付けながら，正しい助詞の使い方を理解して，文を構成し表現する力」を身に付けさせたい。また，A児については，本単元を通じて，上記に加え，「楽しみながら，進んで文章を書こうとする態度」についても重点化を図って進めていく。

　そのため本単元では，絵や写真，実際の動作を基に文を作成し，伝え合う学習を設定する。また，教材には，児童の好きなキャラクターや乗り物を活用し，児童が楽しく意欲的に取り組めるようにする。

　本単元は三次で構成する。一次は，様々な場面の様子が描かれた絵を基に2語文をつくる。そこで文には主語と述語があることや，助詞が使われていることに気付き，格助詞「が」の活用について学習する。二次では，主語，述語に加え，場所や様子を表す修飾語の入った3語以上の文をつくり，文には様々な格助詞が使われていることに気付く。さらに，格助詞の中でも特に日常会話での誤りが多い「を，で，に」の3字に着目し，絵や写真，実際の動作を基に文をつくり，1文字ずつ助詞の活用についての理解を図る。三次では，自分たちの日常に焦点を当てて，児童が実際に参加した学校行事や，普段の学校生活の様子を撮影した写真を基に紙芝居を作成し，伝え合う活動を行う。また，児童の実態から学習に取り組みやすくするために，助詞を「くっつき文字」，主語を「あたま」，述語を「あし」，修飾語を「からだ」と表現する。

3　単元の目標

国語への 関心・意欲・態度	書くこと	伝統的な言語文化と 国語の特質に関する事項
◇主語，述語，修飾語の関係や，助詞の活用に意欲を持って取り組み，文をより詳しく表現しようとしている。	◇見たことを基に主語・述語・修飾語の関係を意識しながら，正しく助詞を活用し，3語以上の文を書くことができる。 ◇主語が変わっても，その意味を理解して文を書くことができる。	◇文の中における主語と述語との関係を理解する。 ◇修飾語と助詞の関係や，文の構成についての理解を持つことができる。 ◇助詞や述語の変化によって，文の意味が変わることを理解する。

4　指導計画（全11時間／本時3時間目）

	時間	主な学習活動	その他の学習活動
一次	1	文には主語と述語があることや，助詞が使われていることに気付くために，絵を基にいろいろな文をつくる。　　【関・意・態】【書くこと】	漢字5問テスト フラッシュ漢字 ことばあそび ↓
一次	2	格助詞「が」を活用する力を付けるために，絵を基に文をつくる。 【書くこと】【伝国】	
二次	3 本時	文には様々な助詞が使われていることに気付くために，主語，述語に加え，場所や様子を表す修飾語の入った文をつくる。　　【関・意・態】【伝国】	
二次	4	格助詞「を」を活用する力を付けるために，絵，写真，動作を基に文をつくる。　　【書くこと】【伝国】	
二次	5	格助詞「で」を活用する力を付けるために，絵，写真，動作を基に文をつくる。　　【書くこと】【伝国】	
二次	6	格助詞「に」を活用する力を付けるために，絵，写真，動作を基に文をつくる。　　【書くこと】【伝国】	
二次	7	学習の成果を生かすために，3～6時で学習した格助詞を活用して様々な文をつくる。　　【関・意・態】【書くこと】【伝国】	
三次	8・9	日常生活で学習したことを活用するために，参加した行事や日常の学校生活の写真を基に「思い出紙芝居」を作成する。　　【書くこと】【伝国】	
三次	10	学習の成果を，相手意識をもって伝えるために，発表会を企画し，招待状を作成する。　　【関・意・態】【書くこと】	
三次	11	学習の成果を，相手意識をもって伝えるために，思い出紙芝居の発表会を開催する。　　【関・意・態】【書くこと】	

5 本単元で扱う学習用語と既習事項

学習用語	既習事項
・あたま（主語），からだ（修飾語），あし（述語） ・くっつき文字（格助詞→が，を，で，に）	・話すポイント（声の大きさ，読む速さ，声の高さ，顔を見せる，はっきりと）

6 本時の目標
・「が」以外の格助詞を見付けようとしている。　　　　　　　　　　　　　　【関心・意欲・態度】
・修飾語につかう，様々な格助詞に気付くことができる。　　　　　　　　　　【伝国】

7 本時の展開（3／11）

過程	教師の働きかけ	児童の活動	評価規準及び留意事項
出会う	○学習の見通し 　漢字5問テスト 　フラッシュ漢字 ○前時に学習した文の構成についてふり返りを行う。	○ノートに漢字テストを行う。 ○漢字を読んで答える。 ○前時までの学習内容を想起する。	○学習の予定を提示することで，見通しをもたせる。 ○授業の初めに毎回行っている「漢字テスト」や「フラッシュ漢字」を行うことで，児童が新しい学習にも安心して，普段通り取り組めるようにする。
かかわる	○資料提示 ○からだ（修飾語）を確認する。 「マリオが，クリボー□やられました。」 　　からだにつかうくっつき文字を考えよう。 ○「クリボー」につかうくっつき文字（格助詞）を考えさせる。 ○他の文ではどのような格助詞をつかうのかを考えさせる。 「マリオがクッパ□たおしました。」 「アンパンマンが，遊園地□遊んでいます。」	○絵を基に2語文をつくる。 「マリオがやられました」 ○既習の格助詞「が」が当てはまらないことに気付く。 ○□の中に入る助詞を当てはめて発表する。 ○ワークシートに格助詞を当てはめて発表する。	○板書のスペースを確保するために，資料提示はテレビ画面を活用する。 かかわりの手立て ・教材に児童の好きなキャラクターや，乗り物を使うことで，児童の活動への意欲を高める。 ・児童の発達の段階に応じた別々のワークシートを用いる。 ・つまずいている児童への補助プリントを用意しておく。 ・指名する順番を意図的にすることで，どちらの児童も発表できるように配慮する。
見つめる	からだ（修飾語）につかうくっつき文字（助詞）は， 　　　　「に，を，で…」などがあるね。 ○くっつきゲームの説明をする。 ○次時の学習予告をする	○くっつきゲームをする。 ○文にはそれぞれ，正しい助詞が必要なことに気付き，次時への課題意識をもつ。	○「が」以外の格助詞を見付けようとしている。 【関心・意欲・態度】 ○修飾語に使う，様々な格助詞に気付くことができる。 【伝国】 ○次時への見通しをもたせる。

8　板書計画

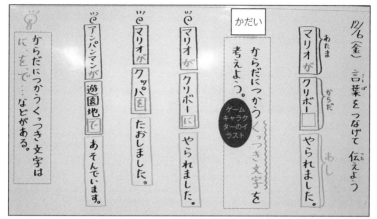

メインホワイトボード

補助ホワイトボード

授業の解説

　学習意欲は，学習の成果に大きな影響を及ぼします。学習意欲を喚起する原理や方法は，いくつかあります。例えば，学習を子どもたちにとって近くする」ことが有効な場合があります。子どもたちは学習を「遠いもの」と感じていることが少なくありません。それを「近く」するのです。例えば，文例を，子どもたちの興味・関心のあるキャラクターを入れたものにするのです。それだけで，子どもたちの興味・関心は高まりますし，何より子どもたちが日常の中で，そのキャラクターについての会話などをしているはずなのです。
　そのためにスムーズに学習が進みますし，学習内容の理解も深まることが期待できます。本単元において，授業者は，主語，述語などの文構成を指導するにあたって，子どもたちに親しみのあるキャラクター名を使って文例を作成し，授業を展開したのは，そのためだったのです。

（渋谷）

21 自立活動学習指導案（特別支援学級）

1 単元名「にこにこマイブックを作ろう」
2 単元の構想

　児童の実態を受け止め，自立活動では自己肯定感を高めるために，「こころのふしぎ」という本の読み聞かせを通して多様な考えに触れる学習や，自分の経験や思いを伝える学習を行ってきた。また，自分でめあてを立てふり返りを行い，頑張りや成長を実感できる活動を行ってきた。交流学級においても児童が活躍できる場を設定し，友達や教師から認められる体験をしている。

　特別支援学校学習指導要領　自立活動編（小学部）の「第6章　自立活動の内容」「2　心理的な安定」（1）情緒の安定に関することには次のように書かれている。

> 情緒の安定を図ることが困難な子どもたちが，安定した情緒の下で生活できるようにする。

　以上のような児童の実態や目標に基づき，本単元では「にこにこマイブックを作ろう」という活動を通して，好きな物がたくさんある自分を実感し，自己肯定感を高めさせたい。自分の身の周りにある好きな物に目を向け，表現・交流することによって，自己理解を深め，他者との共通点や相違点を意識するきっかけをつくりたい。

　本単元は8時間で構成する。1時間目は，絵本の読み聞かせや教師が作った「にこにこマイブック」の一部を見せ，単元への関心をもたせる。また，「にこにこランド」というワークシートに好きな物をたくさん書かせる活動を行い，子ども達の興味や関心を把握し，次時からの活動に生かしていきたい。2時間目は，目次やマイデータを作成し，これからの活動に見通しをもたせる。3〜7時間目は，テーマに応じてにこにこ探しを行い，絵に表し発表する活動を行う。テーマを細分化することによって，自ら思考しやすくする。また，好きな理由を考えることで自己理解を深めさせたい。8時間目は完成した「にこにこマイブック」で，お気に入りのページや，活動を通して感じたことを交流し，「にこにこマイブック」の活用の仕方についても考えていきたい。

3 単元の目標

2　心理的な安定　（1）情緒の安定に関すること
テーマに合わせて自分の好きな物を見付けると共に，好きな理由を考え，絵や文で表すことができる。

4 指導計画（全8時間／本時5時間目）

時間	主な学習活動
1	絵本の読み聞かせや先生の「にこにこマイブック」を見ることによって，これからの活動に関心をもつことができる。 ・「にこにこマイブック」って何かな？ ・たくさんのにこにこを探そう。（にこにこランド）
2	目次作りを通して活動の見通しをもつことができる。 マイデータ作りを通して，自己理解を深める。 ・目次を作ろう。 ・マイデータを作ろう。
3～7 本時	テーマに応じて好きな物を見付け，表現することができる。 ・にこにこ探しをしよう。（3h：食べ物　4h：生き物　5h・6h：学校　7h：家庭） ・にこにこポイントはどこかな。 ・発表しよう。
8	完成した「にこにこマイブック」を交流し合い，お気に入りのページや活用の仕方について考えることができる。 ・お気に入りのページを発表しよう。 ・「にこにこマイブック」の活用の仕方を考えよう。

5 本単元で扱う学習用語と既習事項

学習用語	既習事項
・にこにこマイブック　・にこにこ探し ・にこにこポイント ・五感（見た目・音・におい・味・手触り）	・聞き方（姿勢） ・発表の仕方（声のものさし・話し方・姿勢）

6 本時の目標
・学校の中にある自分の好きな物を見付けると共に，好きな理由を考え，絵や文で表すことができる。

7 本時の展開（5／8）

過程	教師の働きかけ	児童の活動	評価規準及び留意事項
出会う	○前時までのふり返りをする。 ○学習の予定を知らせる。 　1　めあて 　2　にこにこさがし 　3　にこにこポイント 　4　はっぴょう 　5　まとめ ○課題を提示する。 　学校のにこにこ探しをしよう。	○絵本を見て思い出す。 ○見通しをもつ。	○流れをパターン化しテンポよく進める。 **かかわりの手立て** ・何をいつまでに行うのか明確にし，見通しをもって活動に取り組ませる。 ・自ら思考させるために，テーマを細分化する。 ・自分の好きな物を実感することで，自己肯定感を高めさせたい。 ・得意な絵を描く活動を取り入れ，楽しく活動させたい。 ・発表する場面では，友達との共通点や相違点に目を向けさせる。
かかわる	○テーマを細分化し，にこにこ探しをさせる。 　・「勉強」から2つ 　・「遊び」から2つ 学校の中にある自分の好きな物を見付けると共に，好きな理由を考え，絵や文で表すことができる。	○場面に応じてにこにこを探し，絵で表現する。 ○にこにこポイントを考えて書く。 ○1つ書けたら提出する。	
見つめる	○聞き方や声のものさしを確認する。 　にこにこ探しは楽しいね。 ○次回の学習内容を確認する。	○発表する。 ・ホワイトボード（小）を活用する。 ○カードを「にこにこマイブック」に貼る。	○聞く際には，自分との共通点や相違点を意識しながら聞く。 ○発表の仕方を相談する。

8　板書計画

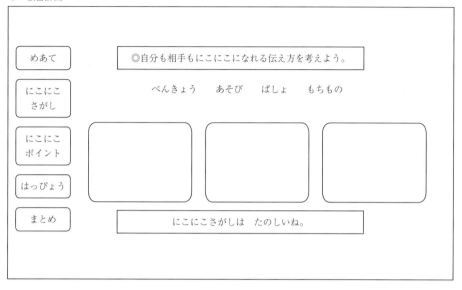

授業の解説

　日本の子どもたちが，自己肯定感が低いことについては，各種国際調査等で明らかになっているところです。なぜ，日本の子どもたちは自己肯定感が低いのか，についての分析は他に譲るとして，学校における教育活動では子どもたちの自己肯定感を高めていくことが求められるようになってきました。本単元における授業者の願いは，ずばり「自己肯定感を高める」ことだったのです。そのために授業者は，「にこにこマイブック」の活動を単元の中心に据え，展開していくこととしました。「にこにこマイブック」には，テーマに応じて自分の好きなものを書いていきます。テーマには，「食べ物」「生き物」「学校」「家庭」を設定しました。子どもたちは，生き生きと「にこにこマイブック」に綴っていきました。授業者は，単元の反省の中で，次のように述べています。
　「『自分ってこれが好きだったんだなあ』『なんかわくわくするなあ』『楽しいなあ』と感じるような単元づくりが目的だったので，内容的にはよかったと考える。」
　自己肯定感は，様々な要素が絡み合い，時間をかけて，醸成されていくものです。本単元で，自己肯定感がすぐに高まったとは，授業者も考えてはいませんが，自己肯定感を高める第一歩には，確実になり得た，という手ごたえのある単元となりました。

（渋谷）

22 自立活動学習指導案（特別支援学級）

1　単元名「なかよし名人になろう」
2　単元の構想

　特別支援学校学習指導要領　自立活動編（小学部）の「第6章　自立活動の内容」「3　人間関係の形成」（2）①他者の意図や感情の理解に関することには次のように書かれている。

> 他者の意図や感情を理解し，場に応じた適切な行動をとることができるようにする。

　また，（4）集団への参加の基礎に関することには次のように書かれている。

> 集団の雰囲気に合わせたり集団に参加するための手順やきまりを理解したりして遊びや集団活動などに積極的に参加できるようになる。

　以上のような児童の実態や目標に基づき，本単元では「相手の言葉や表情を意識し，場に合った行動をとることができる力」を「なかよし名人になろう」という活動を通して身に付けさせたい。活動の中で相手が楽しんでいるかどうかを「顔，声，言葉，行動」のポイントに着目させ，相手意識をもたせたい。楽しんでいるポイントを見付けたらホワイトボードにその様子が書かれたカードを貼っていく形で相手を見取っていく。

　本単元は5時間で構成する。今回は学年が近い他学年と活動する予定で，事前アンケートを基に遊びの計画を立てていく。1時間目は過去に他学年と遊んだ楽しかった場面を想起することで児童に成功体験のイメージをもたせ，単元への興味・関心を高めさせたい。2時間目は遊びの計画をアンケートに基づいて考え，他学年に楽しんでもらえるようにゲームの内容を工夫する。3時間目は「なかよし名人」に近づくために部分練習やリハーサル（先生を相手にする）を行い本番に備える。4時間目はリハーサルを生かし「なかよし名人」を目指した活動となるように他学年の楽しんでいるポイントを見付けていく。5時間目はどんな所がなかよし名人だったのかを映像を基にふり返る。自分も相手も楽しむことで「なかよし名人」になることをおさえたい。さらに学習を深めるために交流学級の人達にも遊びの輪を広げていきたい。

3 単元の目標

3　人間関係	
（1）他者の意図や感情の理解に関すること	（4）集団への参加の基盤に関すること
◇相手の言葉や表情を意識して，場に合った行動をとることができる。	◇みんなと仲よくなるために積極的に活動することができる。

4 指導計画（全5時間／本時3時間目）

時間	主な学習活動
1	過去に他学年と楽しく遊んだ成功体験をイメージし，単元への関心を高めることができる。 ・楽しかった活動を思い出してみよう。
2	他学年が楽しめる遊びを考えることができる。 ・事前アンケートを基に，遊びの計画をたてよう。
3 本時	他学年と楽しく活動し「なかよし名人」に近付くことができる。 ・本番に向けてリハーサルをしよう。
4	他学年と楽しく活動し「なかよし名人」になることができる。 ・みんなで遊ぼう。「魚つり編」
5	どんなところが「なかよし名人」だったかふり返ることができる。 ・映像をもとに活動をふり返ろう。

5 本単元で扱う学習用語と既習事項

学習用語	既習事項
・なかよし名人　・相手　・相手の様子 ・楽しんでいるポイント（顔，声，言葉，行動）	・名人　・ルール（順番，時間，片付け）　・準備 ・リハーサル

6 本時の目標

相手を意識して場に合った行動をとることができる。

7　本時の展開（3／5）

過程	教師の働きかけ	児童の活動	評価規準及び留意事項
出会う	○学習の予定を知らせる。 　1 遊びの確認 　2 練習 　3 リハーサル 　4 発表 　　・よいところ，直すところ ○遊びの確認をさせる。 ○どんな名人になるのか確認をする。 ○課題を提示する。	○ホワイトボードに学習予定を書く。 ○遊びの内容を確認する。 ○他学年を楽しませて何の名人になるか把握する。 ○課題を把握する。	○学習の予定を提示することで活動の見通しをもたせる。 かかわりの手立て ・成功体験を想起することでやる気と自信をもたせたい。 ・画像を活用する。 ・楽しんでいるかどうかのポイントを確認し相手意識を持たせる。 ・相手の様子を見てホワイトボードにカードを貼っていく。 「えがお」 「はしゃいだ声」 「もう1回やりたい」等 ・時間を意識させた活動にするためタイマーを使う。
	「なかよし名人」に近付こう。		
かかわる	○他学年が楽しんでくれるために自分はどうしたらよいかを考えさせる。 ○相手が楽しんでいるかどうかのポイントを確認する。 ○リハーサルの準備をさせる。 ○リハーサルは担任が他学年の児童役になり本番のように行わせる。 ○よいところと直すところを発表させる。	○過去に他学年と遊んだ時の様子を参考に考える。 ・わかりやすいようにゆっくり話す，相手を見る，自分も活動を楽しむなど ○（顔・声・言葉，行動） 「えがお」「はしゃいだ声」 「もう1回やりたい」など ・セリフの確認をする。 ・道具等の準備をする。 ○本番と同じように行う。 ○よいところと直すところを発表し本番に生かせるようにする。	・相手を意識して場に合った行動をとることができる。
見つめる	○相手が楽しんでくれたかどうかポイントにかかわってふり返りをさせる。 ・見取った相手の様子を発表させる。 ○自分の様子もふり返らせる。	○活動の様子を思い出して発表する。 ○発表する。	○ホワイトボードに貼ったものを活用する。
	「なかよし名人」に近付いたね。		
	○次回の学習内容を確認する。		

8 板書計画

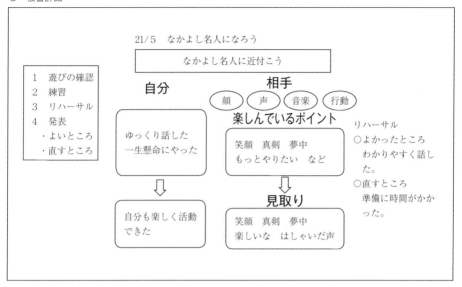

授業の解説

　授業者の願いは，自分だけではなく相手も楽しいと思ってくれるようにかかわることができる力を子どもたちに付けることでした。授業者の工夫は「楽しいとは何か。」「相手が楽しんでいる，ということをどんな視点で判断するのか。」ということを明確にしたことです。特別支援学級においては，あいまいな指示や指導では子どもたちが理解できないことが多々あります。「楽しい」という一見だれもが共通理解しているような用語でも，「楽しいってどんな様子かな？」「自分が楽しいときって，どのような様子になるかな？」というように概念くだきを丁寧に行っていく必要があるのです。

　単元の中で，授業者は子どもたちと話し合い，「楽しいとは，『えがお』になること。」「楽しいとは，『はしゃいだ声』があふれること。」「楽しいとは，『もう1回やりたい』という声があがること。」など具体的な様子で共通理解を図っていきました。また，その様子をどのようにとらえるか，ということについても子どもたちと話し合い，「顔」「声」「言葉」「行動」に着目して，相手が楽しんでいるかどうかを判断しよう，ということにしました。

　本時は，他学年とゲームをして楽しむ会のリハーサルを行いました。子どもたちなりに，しっかり着目する点を意識して，自分も相手も楽しむよさをしっかり実感していました。
　　（渋谷）

23 自立活動学習指導案（特別支援学級）

1 単元名「こんな時，なんて言う？」
2 単元の構想

特別支援学校学習指導要領　自立活動編（小学部）の「第6章　自立活動の内容」「3　人間関係の形成」（2）他者の意図や感情の理解に関することには次のように示されている。

> 他者の意図や感情を理解し，場に応じた適切な行動をとることができるようにする。

以上の目標や児童の実態に基づき，本単元では自分の気持ちや考えなどを表現しながら，相手の気持ちも尊重する伝え方を身に付けさせたい。

本単元は，6時間で構成する。1時間目は，「頼む場面（貸した本を返してほしい）」や「断る場面（遊びに誘われたが用事がある）」，「その他の場面（注文したものと違うものが出てきた）」の，具体的な3つの場面を設定する。教師の体験談を場面として設定することで，意欲的に活動に参加できるようにする。また，気持ちの伝え方のよい例と悪い例を示し比較検討させることで，「自分でわかった」「気付くことができた」という自信をもたせたい。

2時間目は，1時間目に行った3つの伝え方モデルを体験することによって，言葉を伝える側と受け取る側の気持ちを実感させる。それによって，アサーティブな（相手も自分も大切にした）自己表現のよさに気付かせたい。少し伝え方を変えるだけで，友だちとのコミュニケーションが円滑になることを伝え，日常生活でも実践してみようという意欲を高める。

3～5時間目は，児童の生活に密接な場面を提示し，アサーティブな自己表現を考えさせる。1時間目に学習した伝え方モデルの特徴を教室に掲示しておくことで，よりよい伝え方への思考を促す。自分の考えた言葉をロールプレイングで実践し，よかった点と改善すべき点，その理由を伝え合うことにより，友だちと学ぶことのよさを味わわせたい。

6時間目は，3～5時間目に行ったロールプレイングの振り返りを行い，様々な場面で共通している特徴について考えさせる。それによって，アサーティブな自己表現を日常生活の様々な場面で生かすことができるようにしたい。また，言えてよかったことや言いたくても言えなかったこと，言いすぎてしまったことなどをふり返り，どのように伝えたらよいのかを知り，これからの人とのかかわり方に自信をもてるようにする。

3 単元の目標

3　人間関係の形成　　（2）他者の意図や感情の理解に関すること
◇自分も相手も大切にした，自己表現ができる。

4 指導計画（全6時間／本時4時間目）

時間	主な学習活動
1	よい例と悪い例を比較検討することで，伝え方の特徴をとらえることができる。 ・モデルの特徴を考えよう。 ・名前を付けよう。
2	3つの伝え方モデルを体験することによって，アサーティブな自己表現のよさに気付くことができる。 ・伝え方を体験しよう。 ・体験して，どんな気持ちになったかな？
3～5 本時4	場面に応じてアサーティブな自己表現の仕方を考え，よさや課題を交流することができる。 （3時間目：断る場面，4時間目：頼む場面，5時間目：そのほかの場面） ・3つのモデルのうちの，どれかな？ ・自分も相手もにこにこになれる伝え方を考えよう。 ・考えた伝え方を言ってみよう。 ・言ってみて，どんな気持ちになったかな？聞いてみて，どんな気持ちになったかな？
6	アサーティブな自己表現の仕方をふり返ることができる。 ・3つの場面のまとめで，共通点はどこかな？ ・自分の体験をふり返ろう。

5 本単元で扱う学習用語と既習事項

学習用語	既習事項
・自分も相手もにこにこな伝え方 ・（児童が考えた名前3種類）・話し方	・コミュニケーション　・相手意識 ・ふわふわ言葉　・トゲトゲ言葉

6 本時の目標
・望ましい伝え方を考え，発表することができる。
・友だちのよさを見付けることができる。

7 本時の展開（4／6）

過程	教師の働きかけ	児童の活動	評価規準及び留意事項
出会う	○前時のふり返りをする。 ○本時の課題を伝える。 自分も相手もにこにこになれる伝え方を考えよう。	○活動内容を思い出す。	かかわりの手立て ・ふり返りを行うことで，本時への見通しをもたせる。 ・生活に密着した，考えやすい場面を設定し，児童の思考を促す。 ・ロールプレイングを入れることで，実感をもたせる。 ・ワークシートを用意し，記入させることで，自分の考えを表現しやすくする。 ・考える場面でのヒントとして，掲示物を用意する。 ・まとめをする際に，キーワードを色チョークで囲んだり印を付けたりする。
かかわる	○「教科書を忘れたとき」という場面を提示する。 ○望ましい伝え方を考え，発表することができる。 ○友達のよさを見付けることができる。	○セリフを聞き，3つの伝え方モデルのどれに当てはまるかを考え，発表する。 ○望ましい言葉を考え，紙に書き，交流する。 ○自分の考えた伝え方の，ロールプレイングを行う。 ○自己評価と他者評価をし，理由を付けて評価を交流する。	
見つめる	○本時のまとめを行う。 ＿＿＿＿＿＿＿＿＿＿＿＿＿＿な伝え方だと，自分も相手もにこにこになれるね。（傍線部は児童に考えさせる。）	○板書を基に，まとめを考える。	

8 板書計画

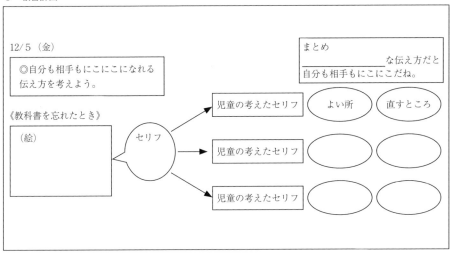

授業の解説

評価のあり方の1つとして，パフォーマンス評価がクローズアップされています。「何を知っているか」だけにとどまらず，「何ができるか」「何を使えるか」という視点で評価をする，というものです。子どもたちがこれから生きている社会は，変化の激しい，そして予測のつかないものです。だからこそ，「何を知っているか」だけでは不十分で，「何ができるか」というところまで，21世紀の学力は求められるのです。本単元において，授業者は子どもたちに「相手の気持ちを尊重しながら，自分の気持ちを伝える」力を身に付けさせたいと願っていました。だからこそ，授業者は，「子どもたちが日常よく遭遇する場面を設定して」「言い方だけを考えるのではなくて，ロールプレイングを通して」「自己評価と他者評価を通すことで，メタ認知を促すことで」，日常生活で子どもたちが「できる」「使える」ような力の育成を目指したのです。これからの教育活動は，子どもたちが「できる」「使える」力を確かに身に付けさせなくてはいけません。その1つのヒントを本単元は提示しているように思います。

（渋谷）

| コラム | **共に学び合う特別支援学級（桂学級）の取組** |

1 桂学級の1年

　本校の特別支援学級は，6障害種7学級に15名の児童が在籍しており，担当教員は9名います。桂学級独自に，「お誕生会」「桂農園・収穫祭」といった年間を通した行事や，市内小中学校の特別支援学級の児童生徒で行う「バス旅行」や冬のイベント「あったか網走」など様々な行事の中で，交流や体験的な学習を行っています。

　毎週月曜日の放課後，「桂打ち合わせ」と称して，桂行事の打ち合わせの他，児童の情報や担任の悩みごとなどを交流しています。

　担当教員の年齢や経験が様々なので，お互いを支え合いながらチームとして動くことを意識しています。また，日常的に交流することで担当児童だけでなく，桂学級の児童みんなを全職員で育てていくという心構えができ，適切にかかわることができます。

	4月	こいのぼり作り　　お誕生会
	5月	桂農園種まき苗植え
	9月	桂農園収穫
	10月	桂農園収穫祭 （カレーライス作り）
	11月	買い物学習
	3月	卒業おめでとう会
地域行事	6月	網走ブロック交流会
	9月	バス旅行
	12月	クリスマスパーティー
	2月	あったか網走

2 子ども同士のつながりを大切にした桂学級行事

　お誕生会は，「自分や友だちの誕生日を知り，成長を喜び合うと共に，お祝いする気持ちを育てる」ことをねらいとしています。誕生日が近付くと，メッセージカードを作成します。「あの子は，このキャラクターが好きだから…」とイラストを添えたり，応援メッセージを書いたりと，もらった相手が喜ぶような内容を考えて書いています。

　本番では，まず「セレモニー」として，お誕生日の子の紹介や，メッセージカードの贈呈，頑張りたいことの発表，「ハッピーバースデイ」を歌いま

す。その後，お誕生日の子が決めた遊びをみんなで楽しみます。お誕生日の子が主役であり，みんなでお祝いの気持ちを持って参加します。司会進行も子どもたちが行います。「～ちゃんのために頑張ろう」と学年を問わず，役割分担をしながら張り切って活動しています。ちなみに，人気の遊びは，鬼ごっこやサッカー，だるまさんがころんだなどです。子どもも担任団も「げんきいっぱい」に遊びます。

桂農園・収穫祭は，「育てた野菜をみんなで調理し，収穫の喜びを味わう」ことをねらいとしています。まず，収穫祭でカレーライスを作ることを伝え，それぞれの学年でどんな野菜を育てるか決めます。収穫後，愛情を込めて育てた野菜を持ち寄って，いよいよカレーライス作りです。グループに分かれ，上級生がリーダーシップをとり，役割分担をしながら協力して調理します。また，役割分担をすることで，自分達で行事を作っているという意識が生まれ，行事後の達成感を得ることができます。こうして長い時間をかけてできたカレーライスはとてもおいしく，あっという間に完食します。子どもたちが大好きな「よろこびいっぱい」の行事の１つです。

3　共に学び合う桂学級

様々な桂学級行事を通して，下級生に対して「やさしさいっぱい」の言葉や行動が見られるようになりました。様々な経験を通して，上級生としての自覚が育ち，自分が何をするべきか分かってきているからだと考えられます。下級生は，そんな上級生の姿を手本にし，行事の際には，自ら列に並び姿勢を正す姿が見られます。担任団は，その様子を見逃さず，褒めることでさらによい行動を促しています。

桂学級では，参観日以外にも保護者に来校を呼び掛けることがたくさんあります。お誕生会ではゲームに参加してもらい，収穫祭ではカレーライスを一緒に食べて，一緒に遊びなどを楽しんでもらいます。保護者同士でメール交換をしたり，「子どもの通信」を発行したり，休日に一緒に遊んだりなど，保護者同士の交流も広がっています。

おわりに

網走市立網走小学校教頭　大西　篤

　研修会等で本校の実践を発表すると，「どのようにして現在の網走小が築かれていったのですか？」と質問を受けます。一言で答えることはできませんが，間違いなく言えることは，「年間1000時間の授業で子どもを育てる」という意識を全職員がもち，何年間も日常授業の改善に努めてきたことです。

　本校は近年，オホーツク管内において，「研修の網走小」と見られていますが，研究会のための研究ではなく，学校の教育目標の具現化を図るため，また，子ども一人一人に各教科の内容を確実に身に付けさせるための校内研修を継続してきました。

　これは，「当たり前」のことかもしれませんが，どの学校でも容易に続けられることではないと考えています。教師個人の努力だけではなく，学校が一体となって生み出すエネルギーと，取組から得られる確かな手応えがあってこそ続けられる営みであるのです。

　継続した取組を通して，少しずつではありますが，子どもたちの学びの姿や，数値として表れる結果に手応えを感じられるようになってきました。同僚性の高まりと学校の活性化を感じられるようにもなりました。私たちは，そういった手応えを原動力とし，現状に満足することなく目の前にいる子どもたちと向き合っています。しかし，まだまだ課題は山積しています。何が課題で，具体的に何をしなければならないのかを共有し，「共通・一貫・徹底・継続」した取組をより一層推進していかなければなりません。これからも，私たちは教育への情熱と強い使命感を持ち，子どもの姿を通して成果を発信できるよう，全職員が一体となった教育活動の推進に努めて参ります。

　結びになりましたが，本校の教育活動の推進に対し，御指導，御支援を賜りました，北海道教育委員会，網走市教育委員会，そして，北海道学校力向上事業アドバイザー野中信行様をはじめとする全ての皆様に感謝申し上げますとともに，今後も変わらぬ御指導，御鞭撻を賜りますようお願い申し上げます。

〈研究同人〉

岩渕　隆志（校長）　　北澤　知美（教諭）
大西　　篤（教頭）　　小出　晴紀（教諭）
上杉　一弘（主幹教諭）　内田　　梓（教諭）
安田　秀憲（教務主任）　岡内　知也（教諭・転出）
渋谷　　渉（研修部長）　中山　美穂（教諭・転出）
土谷　亮祐（教諭）　　大石　万葉（教諭・転出）
加藤　佳苗（教諭）　　伊藤貴美子（教諭・転出）
畑山　純徳（教諭）　　安孫　有希（教諭・転出）
加藤　正俊（教諭）　　落田　麻琴（教諭・転出）
長屋　樹廣（教諭）　　三浦　知也（教諭・転出）
熊﨑　高士（教諭）　　伯谷　奈央（養護教諭）
千葉　佑太（教諭）　　中元　愛香（栄養教諭）
富田　　元（教諭）　　上杉今日子（講師）
田中しおり（教諭）　　作田　恵司（事務職員）
林　　理沙（教諭）　　三浦なつみ（事務職員）
尾中　基浩（教諭）　　山田　珠恵（業務主事）
林　　敦子（教諭）　　中村　秀人（業務主事）
佐々木　勇（教諭）　　小田　　誠（業務主事）
大和　明子（教諭）　　下元　恭子（支援員）
石田　淳子（教諭）　　中原　真咲（支援員）
澤入みゆき（教諭）　　菅野　明子（支援員）
中佐藤圭奈（教諭）　　梅津　　七（会計職員）
西川　祐平（教諭）
野﨑　史華（教諭）
斎藤ゆかり（教諭）
乙武　力哉（教諭）

【監修者紹介】

野中　信行（のなか　のぶゆき）

元横浜市立小学校教諭。初任者指導アドバイザー。『新卒教師時代を生き抜く心得術60』（明治図書）など新卒シリーズで問題提起をする。著書多数。

【著者紹介】

網走市立網走小学校

（あばしりしりつあばしりしょうがっこう）

〒093-0041　北海道網走市桂町1丁目1番1号
TEL　0152（43）4391
HP　http://www.study.hs.plala.or.jp/abashiri/

「味噌汁・ご飯」授業シリーズ
「チーム学校」で学力をアップする！
日常授業＆校内研修ガイドブック

2015年12月初版第1刷刊	©監修者	野　中　信　行
	著　者	網走市立網走小学校
	発行者	藤　原　久　雄
	発行所	明治図書出版株式会社

http://www.meijitosho.co.jp
（企画）木山麻衣子　（校正）坂元菜生子
〒114-0023　東京都北区滝野川7-46-1
振替00160-5-151318　電話03(5907)6702
ご注文窓口　電話03(5907)6668

＊検印省略

組版所　藤原印刷株式会社

本書の無断コピーは、著作権・出版権にふれます。ご注意ください。

Printed in Japan　　　　ISBN978-4-18-195019-4

もれなくクーポンがもらえる！読者アンケートはこちらから　→